书山有路勤为泾，优质资源伴你行
注册世纪波学院会员，享精品图书增值服务

郜军 著

目标管理

写给中层经理人的工作目标管理宝典

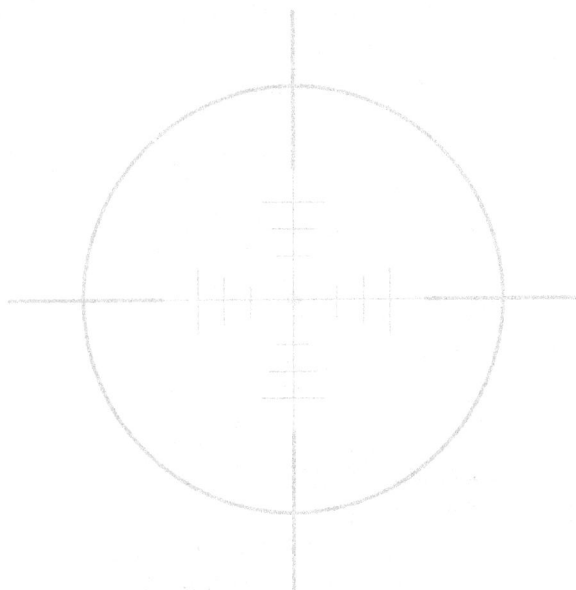

Management
by Objectives

电子工业出版社

Publishing House of Electronics Industry

北京·BEIJING

图书在版编目（CIP）数据

目标管理：写给中层经理人的工作目标管理宝典 / 郜军著. —北京：电子工业出版社，
2019.1

ISBN 978-7-121-35765-7

Ⅰ．①目… Ⅱ．①郜… Ⅲ．①企业管理－目标管理 Ⅳ．①F272.71

中国版本图书馆 CIP 数据核字(2018)第 274977 号

策划编辑：晋　晶
责任编辑：杨洪军
印　　刷：北京虎彩文化传播有限公司
装　　订：北京虎彩文化传播有限公司
出版发行：电子工业出版社
　　　　　北京市海淀区万寿路 173 信箱　邮编 100036
开　　本：720×1000　1/16　印张：12　字数：192 千字
版　　次：2019 年 1 月第 1 版
印　　次：2025 年 2 月第 33 次印刷
定　　价：49.00 元

凡所购买电子工业出版社图书有缺损问题，请向购买书店调换。若书店售缺，请与本社发
行部联系，联系及邮购电话：(010) 88254888，88258888。

质量投诉请发邮件至 zlts@phei.com.cn，盗版侵权举报请发邮件至 dbqq@phei.com.cn。

本书咨询联系方式：(010) 88254199，sjb@phei.com.cn。

自 序

2011 年应该是我人生中最为重要的一年，因为它是我的一个转折年。这一年，我从一个在职场打拼 24 年的经理人，转变成中国管理培训与咨询行业的一名职业讲师和咨询顾问，这也是我为之准备了十年的职业方向。转眼，就过去了七年。幸运的是，不管过去经历了多少，乃至未来还会经历什么，我都没有遗忘和放弃与"目标管理"千丝万缕的联系。今天之所以要将我对目标管理的理解写出来与大家分享，还要从下面的三个故事说起。

故事一

2003 年，我有幸加入了一家中国最大的民营软件集团，开始担任我在国企没有担任过的一级管理岗位——中层（在国企的 24 年经历，25 岁提副处，31 岁成为大型国企的党委书记兼副厂长，再到 33 岁担任集团下属子公司的总经理兼党委书记，唯独缺少中层岗位的历练）。角色的转变让我体验到很多艰辛，尤其是繁忙的工作所带来的精神压力和身体疲惫。就在这时，公司让我参加了一次培训——美国领导力发展中心的"教练式辅导"，可以说这是我人生中产生最大"化学反应"的培训。记得我第一次面对我的领导力教练时，就是从"目标"这个话题开始的。那一刻，我好像真的认真思考了我的"**人生目标和工作目标**"这些看似非常神圣的话题。通过两年的辅导与自我管理

（教练辅导一年，自我强化管理一年），当我面对陪伴我两年的、记满文字的个人效率手册时，我知道我也许完成了人生的一次蜕变，其核心就是我掌握了如何进行个人的目标管理。至今，我仍然记得美国领导力发展中心的创始人——保罗·迈尔，他总结了成功人士的三大特点，即目标清晰书面化、积极的心态、不断的自我激励。目标管理是排在第一位的，这也是作为一名中层管理者，管理自己、发展自己的第一步。

故事二

2009年，我在一家数字医疗企业任职，第一次经历了企业整体战略规划制定的全过程，对从市场定位、产品定位以及后端资源建设的分步实施策略等诸多要素进行了全面分析与方向性设立。这一点与规范化的企业战略规划流程没有太大的区别，但关键的是，很多企业在战略规划制定过程中，往往只停留在方向性规划阶段，欠缺真正落实的过程。如果方向不能变成具体的工作，就会出现具体的工作与战略规划的偏差，这是所有管理者最为担心的一点。

当时，为了防止该错误的发生，我让每位领导都在自己分管的业务体系下做一个相同的工作，即目标分解，将方向性的目标分解到工作任务层面，并以此作为日常工作目标管理的依据。时至今日，我仍然记得当时的场景，简单地讲，可以归纳为如下几个关键词：茫然、无助、破冰、升华！我们通过实践找到了一个有效的目标分解方法，通过这个方法，我将分管业务体系的战略目标分解成成百上千个具体的工作任务。当结果呈现出来的时候，所有的团队成员豁然开朗，大家都非常清晰——阶段性目标是什么，所需要完成的具体任务是什么，任务的标准是什么。这一经历让我体验了作为管理者的第二次蜕变，即以目标管理的有效方法为主线，实践管理者**管理他人、发展他人，管理业务、发展业务**的成长历程。

故事三

2011 年，我辞去"职场"的工作，正式进入中国管理培训与咨询这个行业，成为一名职业讲师和咨询顾问。入行初期的艰辛不必多说，万事开头难！但是，经过自身不断地努力和坚持，2011 年年底，我被中国管理培训联盟聘任为签约讲师，这是我在这个行业发展的一个拐点，与其相随的还是"目标管理"。

记得所有被选拔的讲师第一次参加名为"课程体系"的内部培训项目，培训前每位讲师要从联盟提供的 MDP（中层领导力发展课程体系）的 16 门课程中，选择一个自己要负责开发并在未来主讲的课程。看完课程体系，我毫不犹豫地选择了"目标管理"，当时还担心如果有很多人选择，我是否能超越他们。结果却让我惊讶，只有我一个人选择了这门课程，于是坚信自己一定能为这个行业留下一门经典课程！

光阴似箭，七年过去了！现在回想起来，过去的七年，我与"目标管理"这门课程共同经历了以下几个关键阶段。

- 2011 年年底，开发"目标管理"课程，获得联盟评审第一名。
- 2012 年 3 月第 1 次讲授该课程，失败！原因是忽略了学员的感受，理论太多、实践太少。
- 2012 年 7 月第 7 次讲授该课程，找到该课程合理的讲授方法，至今该课程已经完善并更新至 4.0 版本。
- 2013 年，该课程开始被多家培训机构采购。
- 2014 年开始至今，该课程成为多家培训机构、高校领导力培养的标配课程。学员遍布祖国的各个角落，企业客户上百家、学员人数破万！虽不是惊人数字，却代表着大家对该课程的认同。
- 2015 年，经无锡超维企业管理咨询有限公司推荐，该课程被《培训》杂志评选为年度培训行业优秀培训课程。在此也对该公司的信任、帮助和推荐表示感谢。

上述三个我与"目标管理"的故事，其实就是我过去二十多年通过学习、使用、总结、提炼目标管理的方法和经验的历程片段。如果让我用一句话来总结什么是目标管理,我会说:"目标管理是一种管理的方法论,方法论只有通过与业务管理的有效结合,才会产生价值!"

本书撰写的宗旨是要为企业中层管理者提供一本实用工具书,即为企业中层管理者在日常工作目标的管理过程中,提供一套有效的方法。为了实现这个目标,本书在撰写的过程中,充分体现了思路清晰、场景真实、方法可行、工具落地四大特点。

- **思路清晰**:帮助企业中层管理者明确如何从企业整体战略目标中,找到自身分管部门的工作目标,实现上下统一的有效方法。
- **场景真实**:书中会给出大量真实的企业案例,详细介绍如何解读企业发展战略和年度经营策略文件,以此实现中层管理者的日常工作目标与企业战略目标的一致性。
- **方法可行**:所有提供的思维方式和操作步骤,在实际工作中都可以遵循,因为它们就是来自现实工作的总结与提炼,而非单纯的理论。
- **工具落地**:所有提供的工具可以成为企业目标管理的基础工具(我的很多客户已经开始这样做了),以此来指导目标管理的全流程。

开篇啰唆这么多,其实就是想给大家传递一个我与"目标管理"结缘的情节,这是一个不离不弃的心路历程,更是一个不断实践和总结的蜕变历程。

本书能够撰写并发表,最要感谢的就是我的学员,是他们对该方法的认同和持续强化的需求,才使我将其完整地表达出来!真的希望这本书能够陪伴你们的成长和成熟。

彼得·德鲁克说过:"目标并非命运,而是方向;目标并非命令,而是承诺;目标并不是决定未来,而是动员企业的资源与能源,以便塑造未来的手段。"

"谋定而后动,知止而有得!"让我们一起开启目标管理的体验历程吧。

目　录

绪　　论

目标管理方法论究竟是什么

既然我们说目标管理是方法论，那么首先要清楚什么是方法论。所谓方法论，就是人们用什么样的方式、方法来观察事物和处理问题，它是一种以解决问题为目标的理论体系或系统，通常涉及对问题阶段、任务、工具、方法技巧的论述。

理论的定义总是这样拗口。下面通过一个小小的游戏，将这个深奥的目标管理理论赋予一个"简单化"的解读。

准备好了吗？我们马上开始……

首先，让我们仔细看一下图 0.1。请问：你看到了什么？

图 0.1　游戏整体图示

别着急，仔细看，慢慢地看……

有人说，我看到了各类的几何图形，包括各种线条（嗯，是的，的确存在）。

有人说，我看到了一副眼镜（不错，中间的两个圆圈很像眼镜片）。

有人说，我看到了一个车轮，或者一扇窗户，而且这扇窗户被封上了（是的，中间有一个交叉的封条）。

还有人说，我看到了立交桥（已经从平面上升到立体了，很好）。

还有人说，我看到的是一个迷宫。

好了，所有人站在不同的角度看到的画面一定会有差异，这就好比每个人由于认知的不同，就会带来结果的差异化。

接下来我们假设，你是一位管理者，你的团队由几名成员构成，现在要求你完成下面的工作：请组织你的团队成员，在图 0.1 中找到阿拉伯数字 1~9

和英文大写字母 A~Z。

你是不是感到奇怪？这张看似简单，却又复杂的图片，难道真的隐藏了这么多秘密吗？大家就一起来尝试一下吧。

想一想，如果在现实场景下，让你完成上述任务，你会如何做呢？

（建议你将所有的组织步骤和实施路径都写下来，然后再看图片，千万别以为很简单。）

……

从过去多年的实践经验来看，每当笔者带领学员做这个练习时，常见的组织步骤及实施路径如下。

首先，分组。假设每组有 7 名成员，安排 1~2 名成员负责找数字，剩余的 5~6 名成员负责找字母（因为字母多）。

然后，由于字母多，可以再将负责找字母的成员分成两组或者多组，并且继续分工，每人负责几个字母。谁先完成，谁就帮助其他人继续找。或者，不做太详细的分组，两个人从前面（A 开始）开始找，其他人从后面（Z 开始）开始找，到中间处汇合。

最后，如果所有字母全部都找到了，任务就完成了。

总结得如此轻松！面对这种情况，需要做一些验证。笔者会请某一位组长和其团队的某名成员共同走上讲台，分别对他们所负责的目标做一些验证。

验证结果是：团队成员在图中找到的某个字母或者数字，很少能与组长找到的字母或者数字达成一致。

为什么会这样？这里蕴藏着怎样的管理哲学呢？接下来，笔者就给大家详细解读这个游戏与目标管理方法论的关系！

第一，开始的时候，笔者问大家在图片中看到了什么。得到的是各种不同的结论，每个人的想象力都不一样，尤其是我们从图片中除了看到一些规则的几何图形，还看到了一个非常特别的笔画（见图 0.2）。

为什么说它特别？因为别的笔画要么是直线，要么是弧线，而只有这个笔画是与众不同的。

图 0.2　游戏局部图示

但是当我们想在图片中找英文大写字母"Q"时，你会发现如果没有它是不行的。

这一现象在我们日常工作中会常常出现，有时候我们会发现某团队成员给人感觉很"另类"。因为不论是他的工作习惯还是个人偏好，都与团队整体相差较远，我们经常会用非常复杂的眼光去审视"他"。但是，当团队要完成某项特殊任务时，你会发现没有他还真不行，一个平时不被重视的成员，有时候其潜在能力恰恰是组织要完成某个目标的关键能力，但前提是我们知道这种潜力能够在什么地方得以发挥。

结论 1：通过上述分析，我们可以看到，图片中所有的笔画相当于我们在日常工作中所管辖的资源（人、机、料、法、环）。每种资源都会有其价值，但是在目标不清晰的时候，也许我们还真的不能发现它们的存在价值。所以，目标清晰化是目标管理工作的首要任务。

第二，大家都会想到分工，因为"9+26"不是一个小目标！我们必须分解它。很多管理者常常会采用平均分配的原则，尤其是这个案例的情况并不复杂。但是，大家是否思考过：如何分解才是正确的？在分解的过程中需要做哪些思考呢？只有平均分配才是正确的吗？

曾经有一位学员告诉我："我们团队将查找数字的任务，只分配给一名成员，因为这名成员是搞财务的，他对数字非常敏感！"此话一出，就可以看出他们在分配任务的时候，是对团队成员的能力做过评估的，这是管理者最基本的管理能力。

结论 2：由此可见，我们在目标清晰化之后，必须对完成目标的任务进行有效分解，而且在分解的过程中，并不是简单遵循平均分配原则，而是既要考虑任务的复杂性，也要关注团队成员的能力和特质等关键要素。

第三，之所以组长与团队成员一起来完成某个数字或者字母核对时出现差异化，一个非常重要的原因就是，我们当初并没有给目标设定具体的标准，每个人心目中对标准的理解是有差异的。例如，如果找阿拉伯数字 1~9，很多人马上就会看到非常醒目的一个"8"横躺在图片中，我们就会轻易地告诉自己，"8"有了！但是，当你按照这个逻辑完成数字查找时，你会发现找出来的数字形状会千差万别。有的是曲线边，有的是直角边。当各式各样的结果摆在面前时，你会有什么样的感受？但是，如果我们能够看到图片中有一个横躺的"日"字，是不是就可以找到所有的 1~9 数字呢？而且这样的数字有一个共同点，即所有的边、角都是直线和直角，完全是同一外形的数字！找字母也是一样，我们需要给出清晰的定义，哪怕是多个不同的定义，但关键是团队成员要达成一致。

结论 3：目标要有一个非常清晰的衡量标准，这是团队内部达成一致，并需要严格遵守的管理基础。

第四，完成"9+26"目标的过程一定不是一蹴而就的。团队负责人在实现目标的过程中，如何审视成员完成任务的准确性，这是一个非常重要的问题。要及时发现成员是否跑偏，是否按照标准在执行任务，需要进行适时的跟踪和检核，组长与成员在某个具体的数字或者字母结果对标时出现差异，一定说明在具体的操作过程中，我们没有及时发现问题，这对整体目标的实现将带来非常大的隐患。

结论 4：即使在目标标准清晰的情况下，我们也要对目标实现过程中的结果进行适时的跟踪，尤其是影响目标整体达成的关键任务的结果评估，并能够及时纠正出现的偏差。只有这样，才能确保目标结果的可控性和可实现性。

通过上述案例的详细分析，我们可以看到，所谓目标管理的方法论并没有那么复杂，其包含以下四个关键步骤。

清晰——要对目标进行清晰的描述。只有这样，才能看到我们所掌控资源的价值所在。

分解——目标实现的过程是一个完成诸多任务集合的过程。如果不能对整体目标进行有效分解，实现目标的可行性就会缺少必要的把控。

标准——即使我们给出目标清晰化的描述，但是针对目标的具体标准，仍然需要给出更加准确的定义，这个定义不仅是目标制定者的自我定义，更是目标实现过程中所有参与者的执行标准。

跟踪——在目标实现的过程中，不论内容范畴跨度有多大，实现时间有多长，我们都要设定过程中的检查时间。只有这样，才能保证目标实现不会出现偏差。

小结

目标管理的方法论，其实就是要完成四个关键管理要点：

- 如何让目标更加清晰化；
- 如何进行目标实现过程的有效任务分解；
- 如何给出清晰的目标标准定义；
- 如何做好目标实现过程中的跟踪、检核工作。

本书将详细阐述上述四个关键管理要点，并通过大量真实案例和工具，帮助大家进一步提升目标管理的有效性。

第一章

目标管理概述

在实际工作中，目标管理经常会出现一些管理上的误区，典型表现有以下几点：

- 对目标清晰化重视程度不够，往往用模糊的定义和表述来指导工作；
- 缺乏对企业不同目标的分类管理，看不清区别也就找不对方法；
- 作为企业中层管理者，对自身在目标管理中的定位与价值认识不清，以及在目标管理中对管理行为的认知存在偏差，造成中层管理者的角色错位。

上述三点管理误区，是很多企业普遍存在的问题。为此，在进入目标管理方法介绍之前，必须对这些问题加以澄清。

第一节　目标清晰化的重要性

为什么说目标清晰化很重要？下面通过两个案例一起来体验一下。

离终点只有一英里①

1950 年，世界著名女游泳运动员弗洛伦丝·查德威克，因为是第一个成功横渡英吉利海峡的女性而闻名于世。

两年后，她计划从卡德林那岛出发游向加利福尼亚海岸，想再创造一次纪录。1952 年的深秋，天气已经非常寒冷，海面上浓雾重重。查德威克在海里已经游了整整 16 小时，她泡在冰冷的海水里，嘴唇冻得发紫，身体不停地打着寒战。放眼望去，前方笼罩着浓浓的大雾，望不见一丝海岸的影子，只

---

① 一英里约等于 1.6 千米。

有几个朋友在一条随行的小艇上陪伴着她。

终于，查德威克觉得自己坚持不住了，她向朋友们请求道："我不行了，快把我拉上来吧。"艇上的朋友不停地劝她说："只有一英里远了，坚持一下，再坚持一下就到加利福尼亚海岸了。"可是，浓雾挡住了她的视线，她看不见海岸，还以为朋友在骗她。她再三请求着："请把我拖上来吧。"朋友没有办法，只好把她拉上了小艇，而这时，她离终点真的只有一英里远了。

事后在接受记者采访时，冷得发抖、浑身湿淋淋的查德威克这样说道："如果我当时能看到海岸，就一定能坚持游到终点。可是大雾使我看不到方向，我感觉不到希望的存在。"两个月后，查德威克再次挑战，天气依然寒冷，大雾依然弥漫，但是这次不同的是，她的助手在海面上每隔一定的距离，就设置一个浮标，查德威克每游到一处就可以暗示自己——我离目标还有多远。这一次她成功了！

在现实生活中，类似这样的案例比比皆是。我们设想一个场景，如果你开车或者坐车去一个从来没有去过的地方，即使在有导航的情况下，是否发现回比去的时候要快呢？这是为什么？其实道理非常简单，因为当我们去时，在视觉上没有一个可以衡量距离的参照物，但是，当我们回时，可以将路上曾经看到、留下印象的所有物体作为面向目标的对标，这时你就会不断地暗示自己——我们离目标还有多远。

通过这个案例，我们可以感到目标清晰化是多么重要！但是在当今很多企业的目标管理中，类似这样的情况却是无处不在。它们经常会拿愿景当作目标，将"我们要成为什么样的企业"当作激励员工的武器，但结果可想而知！

由此可见，只有目标清晰了，才能唤起人们实现目标的动力！清晰化不是一个概念，而是一个让所有人可见的未来。

我决定不做了

美国一家房地产公司筹备一个非常重要的研究项目。主管这一项目的格莱恩把这个重要的任务交给了玛莉亚。她是一名有能力的员工，在公司非常受重视（企业在做类似一些创新类、改善类的工作时，通常会选择在组织中值得信赖并具有良好能力的员工）。

格莱恩告诉玛莉亚，这项研究需要五个月的时间。如果任务完成得很好，那么公司将在完成任务之际给她升职。

玛莉亚接受了组织的安排，开始了这项研究工作。在此期间，格莱恩密切关注工作进度。一切如他所愿，没有出现任何问题。可是，让他纳闷的是，三个月后玛莉亚请示格莱恩："格莱恩，我觉得自己的工作太没有意义了，根本看不到自己的任何成果，我没有把握把它做好，所以我决定不做了。"

一个企业关注的项目、一个企业重视的人才、一个可以提升发展空间的机会，为什么她会如此轻易地放弃呢？其实，我们可以看到并不是"有没有结果"的问题，因为任何创新都需要一个相对漫长的探索过程，而玛莉亚给出的定义是"太没有意义了"。当一个人对某一件事情感觉到没有意义时，再好的资源配置、再好的发展机会，也不能唤起她努力的动力。

"有意义吗？"这是在实际生活和工作中经常出现在我们心里的一句话。尽管没有说出口，但这是我们在面对一个目标、一个选择的时候，自我进行的心理评估过程。如果这个过程不能实现在责任人与目标之间建立一种必然的联系——这件事值得做，那么再好的目标也不会有好的结果，甚至连"开始"都无法实现。

通过上面两个案例，我们可以清楚地看到，目标管理必须首先从目标清晰化做起，同时要让参与者看到目标的意义和价值，目标管理才能有一个好的开始。

由此可见，有目标是重要的，但更为重要的是目标的清晰化和目标的意义，这也是所有管理者在实际工作中必须完成的首要任务。

第二节　企业目标的分类

"管理没有分类，管理没有开始。"这是笔者在过去 30 年的管理实践中总结出来的一句话，因为只有将复杂的事物进行有效分类，才会在每个类别下探索和发现管理该类事物的成功经验。

那么，如何对企业的目标进行分类呢？有多少种分类方法呢？一般会有如下分类方法。

- **时间线**：按照企业发展规划，分别设定未来长期（5~10 年）、中期（3~5 年）、短期（1~3 年）等不同时间段的发展目标。

- **职责线**：按照业务类别，通过对发展目标的拆解，分解到每个业务板块对应的发展目标。

- **人物线**：将企业的发展目标按高层管理者、中层管理者及员工的级别进行分解。

以上三种分类方法没有对错之分，只是分类的维度不同而已。

在这里，笔者给大家介绍另一种分类方法，将企业的目标拆分为经营目标、管理目标和工作目标。

经营目标

所谓经营目标，就是企业在一定时期内，经营活动预期要达到的成果，是企业经营活动目的性的反映与体现。经营目标中既有经济目标，也有成功的标志性目标；既有主要目标，又有从属目标。它们之间相互联系，形成一个目标体系。

所谓经济目标，我们通常会采用财务管理的三大核心数据作为评价标准，即利润、现金流和投资收益率，其反映的是企业通过对市场中长期发展趋势的分析，给自身设定的一个价值展现的数据基础，并在这个基础上通过有效拆解，分解到各个职能板块的分阶段目标。该目标具有整体性、终极性和客观性的基本属性。

所谓成功的标志性目标，就是企业对自身在持续的盈利能力、商业价值，以及在行业/经济发展中希望承担的使命与责任三个方面的目标定义，也可称为愿景目标。成功的标志性目标是一个定性目标，要通过分阶段的经济目标实现来做详细定义。只有定性和定量有机结合，才是企业最终经营目标的全面阐释。

管理目标

所谓管理目标，就是绩效目标。我们知道有很多种不同的管理定义，但是不论是哪种定义，管理都离不开几个关键点，即管理是指在特定的环境条件下，以人为中心，通过计划、组织、指挥、协调、控制及创新等手段，对组织所拥有的人力、物力、财力、信息等资源进行有效的决策、计划、组织、领导、控制，以期高效地达成既定组织目标的过程。其核心就是我们熟知的PDCA。

企业为了实现既定的经营目标，就必须具备相应的业务过程，我们称之为价值实现过程，包括研发、生产、营销、服务以及相关职能管理。企业根据明确的经营目标，分阶段设定不同业务领域的管理目标，并通过强化业务过程的管理，合理规划和实现企业的经营目标。我们通常将不同业务领域的管理目标称为关键绩效指标。

工作目标

所谓工作目标，就是各个业务部门的负责人及员工，为了实现企业经营目标和管理目标的具体实施计划。因为不论是经营目标还是管理目标，它们都是一种结果类的目标。又因为管理本身是一个过程，所以只有结果是不行的。

工作目标的管理有着非常鲜明的特点。首先是时间性，每个工作目标一定会有一个非常明确的时间期限，这个期限对于问题解决，以及组织长远发展目标的实现，都有着不同的影响；其次是任务性，工作目标的达成是由很多相互独立且相互联系的任务组成的，我们对每个任务产出的定义与工作目标的最终要求必然是一致的，因此任务的清晰划分与定义是工作目标管理的重要特点；最后是资源性，通过对任务的有效分解，我们可以清晰地看到所需匹配的资源是什么，组织目前的资源是否可以满足目标实现的要求，如果不行如何处理等，这些问题都是在工作目标管理中所需注意和强化的。

除了以上三个方面的特点，工作目标管理还有一个"天条"，即不论是哪个部门的工作目标，都必须与企业整体的经营目标和管理目标保持一致，这是所有企业中层管理者必须严格遵守的底线原则。

通过上述对目标分类的解读，我们可以看到目标管理涵盖的范围之广、内涵之多、要求之高，是令人难以想象的。这也是为什么很多管理者，尤其是企业中层管理者，一谈到目标管理，就会有一种"虽耳熟能详，但又高深莫测"的感觉。

本书所谈的目标管理，将聚焦于以"工作目标"为核心的管理体系及方法论。这是实现经营目标和管理目标的基础，没有很好的工作目标管理体系，就不能保证企业经营目标的有效达成。因此工作目标管理技能，将是伴随我们的核心管理技能。

第三节 工作职责与工作目标的关系

既然工作目标管理是我们要研讨的关键点，那么为什么在围绕工作目标管理的研讨过程中，要提出工作职责的概念呢？

笔者曾经询问过很多企业的中层管理者："您认为目前您的工作目标应该

有哪些。"经常得到的回答是："我的工作目标就是我的工作职责。"还有一种回答是："我会根据企业给我确定的工作目标，来不断完善我的工作职责。"听上去这两种说法仿佛都是很正确的，但是我们仔细思考一下：工作职责与工作目标究竟是什么关系呢？

所谓工作职责，就是指在工作中所负责的管理范围和所承担的相应责任，包括完成效果等。其代表着企业赋予我们的管理范畴，也就是管理边界；是管理者对组织需要承担的管理责任；为了实现这个管理责任，我们需要通过建立和完善该业务范畴下的管理规则、制度、流程、工具和方法，并在企业中推动运行，以此带来企业管理效率的提升。

从上述定义我们可以看出，工作职责不仅是某一项具体的工作，而且是多项工作的组合，通过工作组合，完成本部门或者本岗位需要输出的工作价值。我们对工作职责的通俗描述是："根据什么，做什么，取得什么结果。"工作职责是在构建一个部门或者设定一个工作岗位时，必须完成的首要任务。例如，人力资源部一定会有一项工作职责，即招聘管理，具体内容描述是"根据企业业务发展的需要，通过企业人力资源开发管理战略规划，合理制订人力资源开发与管理方案、计划及相关政策并推动实施，满足企业业务发展的需要"。

围绕该工作职责的内容描述，人力资源管理者针对招聘管理，应该设立如下几个关键的工作目标：建立企业人力资源规划、开发招聘渠道、建立岗位标准、完善招聘流程、建立试用期考核管理制度等，并通过阶段性调整目标标准，实现该工作职责的有效履行，通过有效推进这些工作目标，实现招聘管理对公司业务发展的有力保障，这是在企业中建立规范的招聘管理的核心基础。

因此，根据上述对工作职责和工作目标之间关系的辨析，我们总结出如下需要注意的事项：

* 工作目标是工作职责管理范畴内阶段性的行动要求。

- 工作职责告诉我们工作责任和管理方向，而工作目标是履行工作职责的具体管理活动。
- 工作目标是一系列具有阶段性要求和标准的工作任务。

对两者关系的辨析将对后续探讨"目标管理如何与企业战略保持一致"起到非常重要的作用。

第四节　明确中层管理者在目标管理中的角色定位

目标不清、定位不准、责任不明、方法不精、态度不正是企业中层管理者日常工作无效的主要原因，目标不清是源头。如何解决这些问题，还要从最为关键的管理要素——角色定位开始，我们要清晰中层管理者在企业目标管理中，应该扮演什么样的角色。

参谋者

中层管理者是企业某个业务方向的负责人，既要具备管理该业务的基本胜任能力，也要对该业务行业发展有深入的认知和掌握，并能够针对企业在不同时期的发展目标，提出该业务的具体工作目标及实施策略，并将此建议给高层管理者。

通常来讲，规范化的企业在每年年度目标设定的过程中，基本都会有企业下一年度经营策略的制定过程。在这个过程中，企业高层管理者要听取各个业务负责人对分管业务的汇报，并从中确定企业整体未来一年甚至几年的业务发展计划，这是中层管理者扮演参谋者的一个重要环节。凡是能够扮演好参谋者角色的中层管理者，都会有以下共同特征：喜欢或者善于对分管业务进行数据化分析，能够获取本业务行业发展的相关数据以及竞争对手的态势，能够站在企业高层管理者的角度思考本业务发展的方向及分步实施计划。这是扮演好参谋者角色的关键行为标准。

承诺者

中层管理者面对企业的发展目标，首先要对本部门目标做出承诺，这是作为中层管理者最基本的工作态度，也是企业整体目标实现的基本前提。

我们不要把"承诺"想得那么复杂，尽管它有很多表现方式，如宣誓等，其实最基本的表现方式就是书面化——签字！签字的作用有多大？笔者给大家举一个日常生活案例。

笔者每年都要乘坐飞机出行十多万千米，每次办理登机手续都是那样的程序化。突然有一天，笔者在办理登机牌时，服务员问："托运行李中是否有打火机和充电宝？"笔者回答："没有。"接着她递给笔者一张纸说："请签字！"就在那一刻，你猜笔者会有什么举动。就在笔者拿起笔的一瞬间，认真思考了一下："真的没有吗？"同时，认真看了一下这张纸上的相关信息和要求。这些下意识的行为让笔者对自身需要做出的承诺又认真思考了一下。

目标清晰书面化是美国领导力发展中心创始人保罗·迈尔总结成功人士的三大特征中的第一项，其实就是一个人对目标承诺的表现。

传教士

企业管理的最高境界，就是企业的愿景、价值观，以及延伸出来的经营理念和文化在企业中达成共识。中层管理者有责任和义务将它们传递给企业内部的每个成员，并不断地延展其价值，就像西方传教士一样把圣音传到任何一个可能的地方。

这种传递过程是中层管理者对企业发展目标再认识的一个过程。如果我们不能做到对企业发展目标进行合理、有效、正确的认知，并正确地传递给分管业务的下属，所谓的与企业高层管理者保持一致就是一句空话。

企业中层管理者一定要注意的是，这里提到的"传教"，更多的是指企业基层员工的工作表现。中层管理者要想在企业中扮演好传教士的角色，首先必须完成角色转变，成为承诺者。如果对企业设定的整体目标都不认可，就实现不了向下传递正能量。过去在企业，笔者曾经总结了一句话，很好地表达了什么是现实中的传教士，即如果中层管理者对员工说，企业制定的目标是根本不可能实现的，员工就会有一个结论——这个工作可以不做。很多时候，这种负能量的影响力，是我们很难估量的。

因此，作为中层管理者，面对目标的承诺，可以与上级就目标的可达成性进行深入交流，甚至可以采用谈判的方式（杰克·韦尔奇的观点），但是，一旦与上级达成一致，那么回到分管业务中，就要成为一个真正的传教士。

设计者

如何将企业的整体目标在分管组织内部进行有效分解和量化并落实到人，是中层管理者的重要工作职责，也是实现组织内部有效管理企业整体目标的重要手段。分解目标及量化目标的目的，是让组织内部所有成员看到自己对企业整体目标实现所起的作用，更是他们在实现目标过程中看到自身价值所在的根基。因此，"对目标能否进行有效分解和量化，将其传递给组织内部的每个人，是考验一位中层管理者在组织内部是否具有目标管理能力的最好方法"。这也是本书要给大家重点介绍的管理方法。

战友和教练

在目标实现的过程中，跟踪和辅导是中层管理者不可或缺的关键工作职责。帮助组织内部成员，为实现目标提供资源保障，排除干扰，提供有效的支持是非常重要的！在这个过程中，中层管理者不仅是领导，更是组织成员的战友，要对成员取得的成绩给予认可，最重要的是，要从多方面辅导成员，帮助其成长。

作为一名称职的中层管理者，在管理上应该具备两大"天职"：实现上级交给的目标，并让团队成员能够有所成长。

正如一句"职场熟语"所说："员工加入的是公司，离开的是上司！"其实就是在告诉我们，中层管理者在企业管理中的重要性。

通过上述五种角色的定义，可以进一步清晰，在目标管理中中层管理者的价值所在，目标管理是企业所有管理方法和行为的源头管理，如果不能从源头进行清晰定位，企业的管理就无从谈起。

第五节　实践目标管理的行为要求

目标管理是一个方法论，而方法论一定离不开必要的管理行为，这些行为渗透在目标管理的每个环节，它是可视的、可管理的行为。本节将从分析目标管理的行为要求开始，通过详细解读，总结提炼出目标管理的行为要点，以此给大家提供管理行为的对标。

中层管理者在目标管理过程中应该具备的管理行为，可以归纳为以下15个问题。（你可以做一下自我评估，看看在哪些方面还有提升的空间。）

你的年度目标是否包含各项效益指标

效益指标，是指在中层管理者的年度目标中，是否有与企业经济效益挂钩的经营类指标，如销售额、回款额、生产数量、质量合格率等。所有业务部门，如销售部、市场部、生产部等的管理者对于这些指标都不会有问题，但是职能部门（岗位）的管理者通常会回答——没有！

那么，年度目标应该包含效益指标吗？

针对这个问题，有以下两点值得管理者深思。

1. 效益的来源

效益，最简单的理解，就是收入减去成本。成本既包含制造成本，也包含管理费用。职能部门没有收入可以理解，但是一定会产生管理费用。那么在每年的年度工作目标中，是否思考过："如何建立工作目标与管理费用之间的关系？"开源节流是管理的基本常识。但是，在日常管理中这种思维往往被很多管理者忽略了，换来的却是对降低公司费用的抵触情绪，这是非常不应该的。

2. 尽可能地量化工作目标

如何将工作目标与企业经营的效益和成本进行数字化挂钩，这是对中层管理者提出的更高要求。"当任何事情你还不能用数字将其描述出来的时候，说明你还真的没有了解它。"量化、数据化并不只是一个展示方式，更是我们对业务形成过程中的要素分解和定量测量过程。一旦这个规律被你发现且验证是正确的，那么管理的效益化才能真正得以实现。

记得笔者在做行政管理工作的时候，很多人都认为行政管理是事务性的工作，只要服务好就行了。但是我们团队一直坚持数字化的行政管理目标。不到两年时间，就探索出各项行政管理的数据化标准，如一年四季的人均饮水量、月度人均电费、人均办公面积等，将行政管理的琐碎事物尽可能地做到量化管理。有这样的基础，笔者敢说我们的年度工作目标包含企业效益指标。

结论 1：不论什么岗位，将自身的工作目标进行量化管理，并与企业的效益指标挂钩，是企业中层管理者必须追求的目标。

你的年度目标是否都围绕着企业要求的大方向

这个问题分别给中、高层管理者提出了两个关键问题。一是作为企业的高层管理者，是否能够做到年度目标给企业各个业务单元及职能部门，提出清晰化的管理方向及要求？二是作为企业的中层管理者，是否能够真正意义上地理解、读懂高层管理者的要求，并以此作为部门年度目标设定的依据？如果做不到这两点，中、高层管理者之间就会出现争夺管理资源的状况（因为方向不一致，一定会带来资源使用的冲突），企业确定的整体目标也就不能保证有效地实施。

在笔者组织年度预算的过程中，曾经出现过这样的事情。当笔者审核研发团队的人员编制预算时，发现人员编制预算与公司确定的研发计划有一定的出入。原因是研发总监在公司年度研发计划之外，又设立了一些小的研发项目，而且这些项目并不是公司确定的研发项目中的必要组成部分。当笔者与研发总监交流此事时，才知这是他个人确定的研发计划，虽然增加的人员并没有完全按照人员的工时配置标准来预增，但是不难想象，增加公司确定研发项目之外的项目预算，一定会带来与公司整体研发资源投入的博弈，这对公司整体既定的研发目标一定会带来资源管理上的挑战。中层管理者必须注意，处理好应该做的事情和喜欢做的事情之间的关系。

　　结论 2：中层管理者的年度目标必须与企业的整体目标方向保持一致，否则就会带来资源的内部博弈，使企业的整体目标得不到有效的资源保障。

完成任务的期限是否明确

这是一个非常简单的问题，但在现实的问题测试中，笔者发现大约 40% 的人回答的是"否"。这样的结果一定会带来诸多管理挑战，其中最重要的两个挑战是：

- 没有明确的期限，中层管理者就不会制定过程检查的时间节点，更不会根据制订的计划来配置相关资源。
- 没有明确的期限，承担目标任务的员工就不会将其作为当下必须完成的工作任务。因为他会有心理暗示，一个没有期限要求的目标，说明对领导来讲并不重要，可以先放下。

　　结论 3：目标管理不论是对上还是对下，完成任务的期限是必须加以明确的关键要素。

你的年度目标或日常工作目标中的各个
任务是否具体、明确、有衡量标准

　　看到这个问题，相信很多人都会想到 SMART（据说，在全球管理界通用的 14 种管理方法中，SMART 排名第 4 位）。这个在管理界被普遍认同和广泛使用的管理方法，看似简单但做好却不容易（后面会提供更多的案例来阐述如何才能做到这一点）。在实际工作中，最简单的方法就是看看别人如何理解你所写的工作目标，和你的理解是否一样。如果不一样，就说明目标清晰化程度不够。

　　结论 4：不论是年度目标，还是日常工作目标，做到 SMART 可衡量的标准，是目标管理的基础要求。

你是否不只规定时间和内容，还能向
员工解释原因、共同商量实施措施

　　在过去的工作实践和培训过程中，笔者发现针对这个问题至少有 60% 的管理者是没有做到的。甚至有的管理者告诉笔者，其在本部门的管理中具有很强的权威性，一般做完决策别人不会反驳。这让大家想到缺少互动的目标布置场景（注意是"布置"，不是"交流"）。如果这种情况持续存在，那么可以想象到几种可能的结果：员工不知道为什么做，也不知道做好之后能够给部门乃至个人带来什么价值，如何才能实现这个目标，资源配置和方法是什么，欠缺资源是否可以得到组织的支持，等等。当这些问题没有在部门内部进行交流并达成一致时，怎么能相信该工作目标是可以实现的呢？

结论 5：目标的制定与实施，必须让员工参与进来，并在研讨的过程中，通过不断澄清目标的价值和实施策略，焕发团队成员对目标的认同并产生实现的意愿。

你的年度目标或日常工作目标是否与下属的主要工作职责相吻合

如果目标不能与下属的主要工作职责相吻合，那么一定会让员工产生抵触情绪，致使目标管理从开始就遭遇挑战。出现这种情况的原因有下面两种。

（1）由于承担该目标的员工能力欠缺，需要安排其他员工来跨职责分担，这种情况容易让两位员工产生矛盾。作为中层管理者，正确的工作方式应该是，明确该员工仍是目标的承担者，但是考虑到员工的能力欠缺，在本部门内部可以成立一个项目团队，发挥团队的作用帮助该员工实现目标，甚至管理者担任该项目的负责人。只有这样才能保证能力的相互补充，降低内部员工之间的矛盾。

（2）通常在企业快速发展阶段或者新业务的拓展阶段，也会出现管理目标与现有工作职责之间产生偏差的情况。遇到这种情况应该采取如下措施：

- 首先要澄清为什么要设定这样的目标，目标与本部门在企业中的价值有什么相关性，明确原因。

- 告知员工，企业高层管理者对该目标的期待是什么，为什么要安排本部门来做。阐明重要性。
- 澄清本部门通过该目标的达成，给相关人员及部门带来的价值。

通过上述三个方面的问题澄清，才是解决目标与工作职责发生偏差的合理、有效的解决方案。

> **结论 6**：目标与工作职责产生偏差不可怕，可怕的是，没有对应的解决方案。

你的年度目标或日常工作目标是否虽要求严格，但未超出能力范围

看到这个问题，第一反应一般都是"不能超出能力范围"，因为超出了能力范围，目标实现的可能性就会降低。反之，如果设定的工作目标一直是在现有人员的能力范围之内，那么结果会怎样呢？相信绝大多数人会想到，如果是那样，团队成员就没有成长的机会，也会在这样没有挑战、反复重复中降低技能提升的欲望。

让团队成员有所成长，这是中层管理者时刻不能遗忘的管理追求。阶段性地设定具有挑战性的工作目标，是促进员工成长及部门综合管理能力提升的有效手段。

> **结论 7**：目标的设定要有一定的挑战性，这是团队成员及部门管理能力提升的有效手段。

你的年度目标或日常工作目标是否与现有及将有的人力、物力、财力资源相符

绝大多数人看到这个问题后都会在第一时间回答："否。"这是一个非常

现实的问题，因为不论任何企业，都不会给你充足的资源去做有限的事情。往往都是希望利用有限的资源，去完成更多的目标。我们需要关注的是，如何应对这种管理现状。在目标管理过程中，如果存在多个目标需要完成，中层管理者最为关键的管理行为就是确定优先顺序。没有优先顺序的确定，资源的投入就会缺乏合理性和有效性。优先顺序管理在管理学中是紧跟目标管理的第二大核心方法（管理学中六大核心方法是目标管理、优先顺序管理、时间管理、沟通管理、授权管理和团队管理）。

结论 8：目标设定之后，需要进一步明确诸多目标之间的优先顺序。

你的年度目标或日常工作目标
是否符合公司政策与习惯做法

企业之间最大的管理差异，更多的是反映在企业的管理文化上。所谓管理文化，就是一个企业做人、做事的价值观，即行为准则。这种价值观体现在各项管理制度中，渗透在企业的每个角落，更是一个企业能够存活和发展的基因。反其道而行之，带来的结果必然是增加管理成本，这一点是所有管理者必须注意的问题。

如果企业发现现有的管理文化存在问题，并希望通过某一项工作或者某一个项目来改变现有的管理文化，那么可以在某一个目标中采取创新的方式，改善企业管理文化。但前提是，一定要与企业的高层管理者保持一致。

结论 9：目标实现的具体措施要符合企业的管理文化，与高层管理者保持一致是目标管理的首要前提。

一旦年度目标或日常工作目标得以实施，当遇到突发事件时，所需资源是否可以得到补偿

针对这个问题有很多人认为，如果该目标是企业必须实现的，那么得到补偿的可能性是有的。但是即使在这种情况下，很多高层管理者也是不情愿的，因为企业的资源是有限的。面对这种管理现实，可以采用反向思考的方式。请问：除了企业不得不完成目标，什么情况下企业的高层管理者可以给你补偿资源？从笔者过去的经验看，在目标实施之前，全面汇报整个目标实施计划时，我们对可能发生的不确定因素做了充分预判，并对可能出现的问题以及应对措施有详细的分析和解决方案，以此作为整个目标实施资源预算的一个补充方案（一旦出现此类问题，所需资源及资源使用的方向）提交给高层管理者审阅。在这种情况下，由于变化带来的资源需求是可以得到补偿的，而且高层管理者还会赞赏我们对目标的认知与措施准备的能力。要做到这一点，就一定给中层管理者提出了一个更高的要求，即在目标设定的过程中，要有充分的分析，对可能出现的问题有一个翔实的准备。

结论 10：目标的设定需要进行澄澈的思考，对可能出现的内外部影响因素，都要有一个相对翔实的应对方案。

如果实施年度目标或日常工作目标需要与其他部门或公司合作，双方的责任与义务是否明确

管理没有分工，就没有责任；但是有了分工，就会缺乏配合。这其实是一个组织管理悖论。随着企业规模的壮大和管理复杂度的提升，工作目标的实现需要跨部门、跨职能将是家常便饭，中层管理者要学会适应和接受。但更重要的是，要清楚需要别人配合的工作是什么，需要什么时候给予配合，配合的方式是什么等。只有这样，才能与相关部门就实现目标的可行性进行

研讨与确认。如果双方存在合作阻碍，那么可以借助各自分管业务的高层领导，实现跨部门、跨职能的有效沟通。要做到这一点，必须将目标分解到任务层面，清楚地看到合作与协作的内涵，合作的部门才能清晰自身的责任和价值。

　　结论 11： 如果目标达成需要跨部门、跨职能的合作，作为目标主体部门的管理者首先要完成的是，对目标达成的任务分解，明确合作的责任和价值。

你的下属对自己所承担的目标是否有清楚的认识

　　这是一个关于上下级之间目标沟通的管理问题。所谓清楚的认识，就是指双方就目标的定义有一个清晰的、一致的理解。看似简单的问题，却是很多管理者在实际工作中常常陷入的管理误区。我们经常以为员工理解了我们的想法以及目标所设定的标准（甚至有些时候，员工现场表现出很多类似"点头示意"的举动），但实际结果却大相径庭，无形中增加了管理成本。那么，怎样才能实现双方认识的一致呢？其实有一个非常重要且非常简单的方式：让员工重复一遍对目标的理解，检查与你的目标的一致性。如果达成一致，就立刻书面化目标。这个看似简单的管理动作，却对管理的结果起到了非常重要的作用。

　　结论 12： 检查员工对目标的理解，是中层管理者实现上下级对目标理解一致的关键行为。

你与下属是否一致赞同该目标的实施计划

　　所谓一致赞同，既包括员工对工作目标的认同感（认为该做）和责任感（有责任做），也包括对目标实施方法的有效性评估，有些时候员工在心里还会做"是否挑战了舒适区及能力的局限性"评估。但是，不管是哪种情况，中层管理者一定要清晰的是：没有达成一致，沟通就没有结束；不能达成一致，目标实现的过程就可能偏离。

结论 13：目标实施计划需要目标参与者共同制订与评估，并达成一致的意见。

你的下属是否有该目标实施计划的副本

所谓目标实施计划的副本，就是双方承诺的依据，更是目标实现之后对结果评估的依据。目标没有承诺，目标管理就没有开始。尽管现在企业的数字化办公手段在不断升级，但是必须注意，书面化目标是一个非常重要的管理手段。

结论 14：目标管理要从书面化承诺开始。

你是否与下属确定了检查目标实施进展的日期

目标实施计划有长有短，但是不论长短，目标实施过程一定要有跟踪计划。该计划应该包括目标实施过程中回顾、评估、达成的时间，目的是保证目标实施计划的可控性。这些事项需要在目标实施计划制订的时候就明确下来，这也是目标实施者和管理者双方承诺的一部分。

结论 15：不论目标实施计划的长短，为了保证目标的可实现性，需要清晰设定检查时间。

通过上述分析，可以清楚地看到，目标管理的行为要求包含了诸多管理内涵，但是从这些行为要求中，可以总结出以下五个关键点：

（1）目标必须与企业的高层管理者保持一致；

（2）目标的实施计划需要员工共同参与制订；

（3）目标实现的过程需要各级管理者的辅导与反馈；

（4）目标管理与绩效管理保持相关性和一致性；

（5）目标管理要关注结果可衡量。

上述五点涵盖了从方向来源到实施计划的制订、过程实施的监控、管理反馈，再到结果评价的全过程。从实际管理情况看，最需要改善的目标管理行为是，工作目标必须与企业的高层管理者保持一致，以及目标管理要关注结果可衡量。很多中层管理者在这两个方面都有很多管理误区，因此接下来会重点围绕这两个方面做全面阐述，为大家提供一些有效的方法（其他三个关键点会在上述两个方面中加以渗透），帮助大家做出改善。

本章小结

- **目标的重要性**：管理者需要对目标进行清晰化定义，并描述意义和价值。

- **企业目标的分类**：分类方式有很多，按照管理深度可以划分为企业的经营目标、管理目标、工作目标。工作目标管理是本书的核心。

- **工作职责与工作目标的关系**：前者是管理边界和责任，需要通过制度、流程、方法和工具建设来实现。后者是履行工作职责的具体实施计划。

- **中层管理者在目标管理中的角色定位**：参谋者、承诺者、传教士、设计者、战友和教练。

- **目标管理的行为要求**：与高层管理者保持一致、与员工共同参与制订实施计划、各级管理者的过程辅导与反馈、与绩效管理保持相关性和一致性、关注结果可衡量。

清晰

分解

标准

跟踪

第二章

目标清晰化的管理方法

作为企业的中层管理者，必须清楚企业整体发展战略目标是如何制定的，如何才能实现从战略规划到策略实施的制定，再到具体工作目标设定的管理过程。本章将介绍这一管理过程的具体内涵。中层管理者要从中发现现有认知的偏差，以及由此带来的对企业发展战略及经营策略理解的偏差，并加以修正。

第一节　清晰企业战略规划制定的主要过程及关键任务

　　企业战略规划制定并不是本书的重点，之所以在这里给大家介绍，其核心目的是通过对企业战略规划制定过程的关键任务及内涵的描述，进一步强化企业中层管理者建立企业战略与工作目标管理之间关系的认知。更重要的是，当企业战略确定之后，中层管理者如何将企业战略规划转化为自身分管业务的工作目标。为了使企业战略规划制定过程更加真实、场景化，笔者将通过一个企业的真实案例，给大家介绍如何实现从企业战略规划到年度工作目标制定的全过程管理，进一步明确中层管理者需要完成的工作任务。

战略规划的定义

所谓战略规划，是组织制定长期目标，并将其付诸实施的规划。企业进行战略规划主要有以下目的：通过剖析企业外部环境，充分把握企业内部优势和劣势，帮助企业迎接未来的挑战，提供企业未来明确的目标及方向，使企业中的每个成员都清楚企业的发展目标。实践证明，拥有完善战略规划体系的企业比没有该体系的企业成功的概率更高。

战略规划的整体内涵与任务框架

不论是什么企业，在制定战略规划的过程中，一定要完成三个关键任务：**定位，选择整体性指导方针，设计连贯性行动方案。**

图 2.1 简要介绍了在每个关键任务过程中需要做的工作任务，以及这些工作任务与未来的工作目标管理的联系。

图 2.1 战略规划的整体内涵与任务框架

1. 定位

在定位任务过程中，需要完成的工作任务是：定义企业自身的商业模式，确定价值创建模式，明确业务增长战略，明确企业发展阶段，设计业务管控模式。这些工作任务是指导市场调研的基础，具体内涵如下。

商业模式

所谓商业模式，就是指企业如何创造价值、传递价值和获取价值的基本原理。其由以下九个方面的内容构成。

（1）客户细分：谁是企业所创造价值的最终使用者？如何分类？特点都有哪些？

（2）价值主张：我们在产品与服务方面，如性能、新颖、定制化、设计、品牌/身份地位、成本削减、风险抑制、可达成性、便利性/可用性等环节，能够帮助客户解决哪些问题？

（3）渠道通路：企业通过什么渠道找到客户并传递价值？

（4）客户关系：企业通过什么方案实现获取、维系、发展三个关键阶段的关系管理？

（5）收入构成：企业有几种收入？定价原则是什么？

（6）核心资源：为了实现价值主张，企业必须具备哪些关键资源，如人才、房产、设备、技术等？企业需要管理和完善这些资源。

（7）关键业务：为了保证商业模式的正常运转，企业必须完成的关键业务有哪些，如研发、生产、营销和售后服务等？

（8）重要合作：除了自身要完成并不断完善的关键业务，为了实现价值主张，企业还需要哪些外部合作业务？跟谁合作？

（9）成本构成：为了完成商业模式的有效运转，企业必须支付的成本是什么？

如果企业的商业模式很清晰，那么各级管理者对于自身分管的业务方向都会有一个清晰的定义。例如，营销管理者会通过商业模式中的客户细分、价值主张、渠道通路、客户关系四个方面，清楚营销管理的客户对象、营销策略、渠道建设及产品/服务组合的价格策略等；人力资源负责人可以通过商业模式中的价值主张、关键业务、核心资源、渠道通路四个方面,清楚企业需要培养和挖掘的关键人才类型等。

需要强调的是,不论是高层管理者还是中层管理者,要想统一管理语言,首先要统一如何正确地理解企业商业模式,这是设计连贯性行动方案的基础。

价值创建模式

从经济学的角度看,企业的基本竞争战略通常有三种:成本领先战略、差异化战略、集中化战略。对应的三种价值创建模式分别为产品领先型、客户导向型、快速反应型。这三种模式的正确选择是企业业务能力构建的方向性指引。

(1)产品领先型企业对组织运营管理、组织能力、核心能力的要求。

1)对组织运营管理的要求:设计、工艺领先,及时把握需求,数据库创建及分析,鼓励创新、团队协作的管理风格。

2)对组织能力的要求:客户需求分析能力,产品和服务趋势分析,项目管理,组织管理,品牌管理。

3)对核心能力的要求:快速学习、资讯收集、前瞻性、创造性、团队问题解决、创新型思维、开放性等。

(2)客户导向型企业对组织运营管理、组织能力、核心能力的要求。

1)对组织运营管理的要求:快速及时地满足客户需求,有效管理客户关系,定价能力强大,接触客户的渠道多,等等。

2)对组织能力的要求:获得客户,建立客户关系,满足不同需求的设计能力,让客户参与决策,信息整合,等等。

3)对核心能力的要求:敬业、主动积极、负责任、诚实可信、客户为尊、目标导向、团队协作、创新改善等。

(3)快速反应型企业对组织运营管理、组织能力、核心能力的要求。

1)对组织运营管理的要求:高效率,价格和便利优势,渠道供应链管理,风险管理,标准化流程及知识共享,等等。

2）对组织能力的要求：流程效率、组织效率、成本效率、信息技术效率、工作效率、风险、质量、品牌管理等。

3）对核心能力的要求：规范精确、持续改进、团队协作、快速执行等。

如果企业从战略层面能够清晰定义自身的价值创建模式，作为中层管理者就应该清楚企业未来需要培育的管理能力，并且通过对现状的评估来设立阶段性改善的工作目标。

企业最痛苦的就是自身价值定位模糊，导致工作能力要求的不确定性和多变性，从而给业务管理带来方向性的混乱。

业务增长战略

所谓业务增长战略，就是指企业在商业模式和价值创建模式确定的前提下，根据市场的变化及自身能力的评估，确定业务增长所要采取的方向性目标。通常情况下，企业的业务增长战略包含两种：根本式变革或渐进式变革；关注收入或关注利润。这两种不同的战略选择，所带来的管理要求是不一样的。

（1）根本式变革，即从一个行业转向一个新兴行业。

——如果企业在根本式变革中关注收入

1）选择因素：新兴行业、新市场、技术变革、新的竞争对手、新的政策法规、较小的企业规模。

2）核心竞争力：快速市场反应，新产品研发及快速市场化，学习能力，比竞争对手更快地掌握技术，承受风险，决策集权化，企业文化的灵活性。

——如果企业在根本式变革中关注利润

1）选择因素：成熟行业、固有市场、技术变革、业内竞争对手强大、新的政策法规、较小的企业规模。

2）核心竞争力：高效的流程和运作管理，成本领先性，决策集权化，企业文化的灵活性。

（2）渐进式变革，即坚守原有的业务领域，逐步实现业绩突破。

——如果企业在渐进式变革中关注收入

1）选择因素：成熟行业、新市场、技术变革、新的竞争对手、政策法规稳定、企业具有一定规模。

2）核心竞争力：快速市场反应，新产品研发及快速市场化，学习能力，比竞争对手更快地掌握技术，承受风险，组织持续地学习和发展。

——如果企业在渐进式变革中关注利润

1）选择因素：成熟行业、固有市场、技术稳定、业内竞争对手强大、政策法规稳定、企业具有一定规模。

2）核心竞争力：高效的流程和运作管理，成本领先性，高生产率和技术，优质的服务，组织持续地学习和发展。

由此可见，业务增长战略的不同选择，带来的管理要求是有很大差异的。关键是重点能力和方向的不同，对阶段性的工作目标确定也会不同。尤其是在企业内部，针对不同的产品线，企业确定不同的增长战略，对后端的响应能力会带来多样化的挑战，这也是作为中层管理者较为苦恼的地方。总之，业务的聚焦与定位是决定企业能力构建和管理改善的方向性指引。

企业发展阶段

企业就像人一样，也要经历从小到大的成长过程。管理学中最经典的理论是塔克门团队发展模型，该模型将企业的成长过程分为初创期、快速发展期、形成规范期、规范固化期、变革期五个阶段，每个阶段的关键任务和对组织能力的要求有着较大的区别。

（1）初创期。

1）企业发展的关键任务：识别并界定市场，开发产品和服务。

2）对组织能力的要求：勇于决策、冒险精神、成就导向、创新性、务实。

（2）快速发展期。

1）企业发展的关键任务：获取资源，开发运营体系。

2）对组织能力的要求：战略规划、团队合作、目标导向、专业技能、跨文化开发性以及问题解决能力。

（3）形成规范期。

1）企业发展的关键任务：全面开发管理系统。

2）对组织能力的要求：管理技能、学习能力、专业技能、教练与辅导技能，核心是形成管理的体系化、系统化。

（4）规范固化期。

1）企业发展的关键任务：管理公司文化。

2）对组织能力的要求：愿景管理、管理技能、专业技能、组织技能，核心是关注企业整体运行效率的改善与提升能力。

（5）变革期。

1）企业发展的关键任务：现有市场开发新产品、现有产品开发新市场，两者兼容发展新的基础框架与不同业务整合。

2）对组织能力的要求：制度创新、创业精神、想象力、资源整合能力。

通过上述描述，各个业务部门的中层管理者清晰定位能力方向，将同样起到很大的作用。

业务管控模式

对于规模化的企业来讲，针对下属业务单元的管理方式有三种，即财务管控型、战略管控型和运营管控型，如图 2.2 所示。

企业在业务管控模式的定位中，给中层管理者带来的管理思考是什么？其核心内涵，就是针对不同的业务管控模式，构建不一样的管理边界。边界的确定决定了企业对管理目标的确定，以及阶段性构建与完善策略的确定。在实际工作中往往出现的问题是，用一种管理方式去应对不同管控模式的业务，则组织付出的管理成本将是沉重的。

财务管控型	战略管控型	运营管控型
● 业务特点 多个非相关独立业务	● 业务特点 多个相关联的业务	● 业务特点 单一的或者基本单一的业务系统
● 战略管理 以收购、投资/撤资决策为主，注重资本市场反应	● 战略管理 指明方向和策略，指导下属企业工作，审核下属企业战略和资源方向	● 战略管理 具体的战略制定以及实施计划的制订
● 业务介入 基本不介入，强调财务绩效的实现	● 业务介入 管理实施计划以及中长期指标	● 业务介入 具体的经营决策和经营活动
● 人事管理 仅管理高层管理者	● 人事管理 管理高层管理者，制定和协调重要的人事政策	● 人事管理 人力资源全案的管理
● 业绩/资源管理 监控关键财务指标，没有资源共享	● 业绩/资源管理 监控经营计划的关键举措实施以及最终结果，监控关键财务指标，协同资源管控	● 业绩/资源管理 整体提供所有的资源与服务

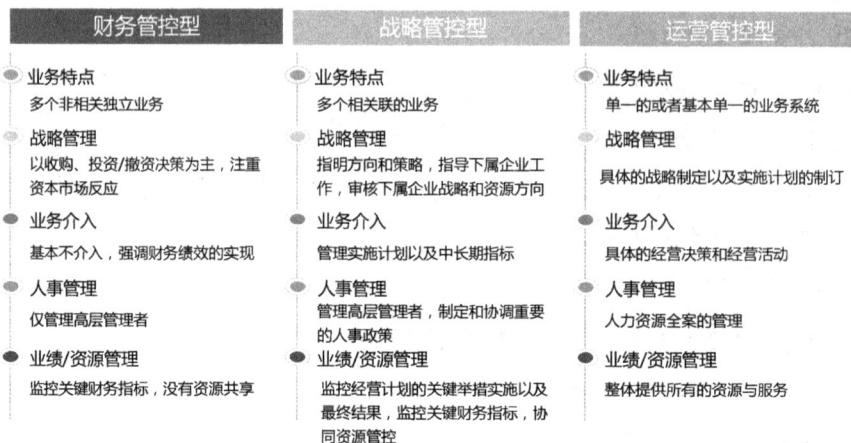

图 2.2　业务管控模式

通过对企业战略规划中定位过程工作任务的分析，可以看出企业的战略规划是一个系统工程，而不是简单的几个概念和数字的集合，同时战略定位的清晰化，能够给未来工作目标的选择带来能力方向的清晰化、管理边界的可视化，以及不同阶段管理重点的明确化。

要实现上述目标，就要求企业不同层级的管理者承担不一样的责任。

（1）高层管理者。能够组织管理团队，对定位给出清晰的答案，并能够在企业内部形成统一的管理语言。尤其是针对企业内部存在不同价值创建模式、不同业务增长战略、不同发展阶段的业务，能够给出清晰化的定位描述。只有这样，才能实现管理能力有效合理的规划。

（2）中层管理者。在企业战略规划定位过程中，应该尽可能地发挥参谋者角色（这里不再赘述）。

2. 选择整体性指导方针

所谓整体性指导方针，就是指企业在完成战略规划的定位后，设计和规划分步实施的突破点。这个突破点的选择主要是通过对企业现有能力和资源优劣势的分析，并结合对外部市场机会与挑战的评估，完成企业战略规划实施的方法和策略的管理过程。在这里，笔者将介绍 SWOT 矩阵分析法（见图2.3 ）。

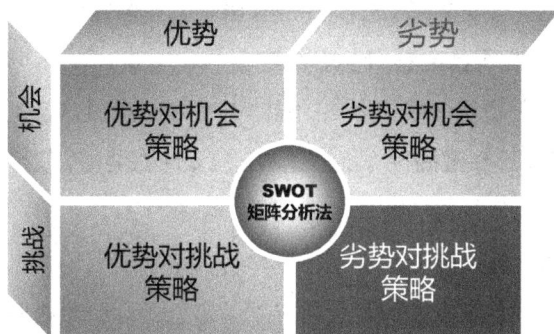

图 2.3　SWOT 矩阵分析法

在使用 SWOT 矩阵分析法的过程中需要注意的事项如下。

（1）优势的选择原则。

1）所谓优势，就是指企业自身所具有的有利的竞争态势，包括充足的资金来源，良好的企业形象、技术力量、规模经济、产品/服务质量、市场份额，成本优势，广告攻势等。

2）影响优势的三个关键因素：建立优势需要多长时间？能够获得多大的优势？竞争对手做出有力反应需要多长时间？

3）关键词：对标，相对于谁我们有优势。

（2）劣势的选择原则。

1）所谓劣势，也是从企业的角度出发，包括设备老化、管理混乱、缺少关键技术、研究开发落后、资金短缺、经营不善、产品积压、竞争力差等。

2）关键词：对标，相对于谁我们有劣势。

（3）机会的选择原则。

1）所谓机会，就是指组织机构的外部因素，包括新产品、新市场、新需求、外国市场壁垒解除、竞争对手失误等。

2）关键词：可控与不可控。

（4）挑战的选择原则。

1）所谓挑战，也是组织机构的外部因素，包括新的竞争对手、替代产品增多、市场紧缩、行业政策变化、经济衰退、客户偏好改变、突发事件等。

2）关键词：是否已经看到了事实。

SWOT 矩阵分析法的四个因素的选择与确定，是很多企业都能实现的基本任务，尽管可能存在准确性方面的差异。但要注意的是，仅仅做到这一点，并没有完全准确定义相关策略。

（5）策略的选择原则。

所谓策略，就是指企业针对战略规划的定位，设计和规划出可以实现目标的方案集合。

在 SWOT 矩阵分析法四个因素清晰的基础上，首先，要进一步完成企业优势对机会策略、劣势对机会策略、优势对挑战策略、劣势对挑战策略的选择；其次，要对设计出的策略进行可控性评估；最后，将确定的策略作为企业在未来一段时间内需要完成的工作目标。

当今实体书店的经营受到网络书店的挑战，通过使用 SWOT 矩阵分析法，总结出实体书店目前的情况。

优势：

- S_1——适应人们的传统购买方式；
- S_2——提供阅读环境；
- S_3——提供专业化、特色化服务；
- S_4——提供阅读体验，试读；
- S_5——书店被普遍认为是城市的文化风景。

劣势：

- W_1——盈利模式单一；
- W_2——经营成本高（包括房租、仓储等物业成本和专业导购的人力资源成本等）；

- W_3——部分民营书店追求自身品位，忽视大众消费；
- W_4——与网上书店相比折扣少。

机会：

- O_1——通过出租场地（举办画展、摄影展、专业讲座等）提高知名度和客流量；
- O_2——国家政策鼓励文化发展，未来可能会给予政策上的支持（如税收方面）；
- O_3——人们对图书质量和阅读效果的重视程度提高。

挑战：

- T_1——网上书店通过低价、折扣抢占市场；
- T_2——网上购书的物流配送日益完善；
- T_3——租金等物业成本上涨；
- T_4——传统阅读方式发生改变，电子化阅读、免费电子书流行；
- T_5——人们的阅读量减少。

通过以上分析，我们看到了实体书店所面临的机会和挑战，以及自身所具备的优势和劣势，在此基础上可以构建具体的、可实施的策略。

优势—机会策略构建。

- O_1—S_3—S_4 利用书店场地举办相关的展览和讲座，为有共同爱好的人群提供交流的机会和场所，扩大书店的固定消费人群，提高知名度。
- O_2—S_5 国家对文化发展的重视，应当为书店经营提供一个更优质的条件。
- O_3—S_2—S_3 通过提供专业化、特色化服务，提高客户忠诚度。

我们需要进一步分析，这三个策略是否都是可控的。不难发现，O_2—S_5 不是企业自身可以掌控的因素，那么这个策略就不是我们需要去制订具体工作目标和实施计划的选项。接下来，我们应该为 O_1—S_3—S_4 和 O_3—S_2—S_3 制订具体工作目标和实施计划。

优势—挑战策略构建。

- T_1—T_2—S_3 网上书店通过低价抢占市场，实体书店不能与其拼低价，而要细分客户群，进行特色化经营。

- T_3—T_4—S_2—S_4 实体书店能给读者提供试读，并且阅读环境是网上书店无法比拟的，实体书店不仅要出售图书，更要提供营销服务。

这两条策略完全是来自组织内部的管理范畴，我们可以进行下一步操作。

"劣势—机会"策略构建。

- O_1—W_1 打破单一盈利模式，利用场地优势给读者提供更多不同的服务和体验，提高对读者的影响能力，刺激不同的消费。

- O_2—W_2 呼吁国家给予一定的政策支持，如在税收方面的减免和物业租金方面的优惠。

- O_3—W_3 人们加大了对阅读的重视，书店应该吸引不同的消费人群。因此书店的经营应以满足大众消费让自身能存活为基础，在此基础上再提供特色化服务，建立自身品牌。

该策略中，O_2—W_2 呼吁国家政策给予一定的支持，如在税收方面的减免和物业租金方面的优惠，并不在企业自身可控范畴内，因此，应该将精力放在另外两项策略上，设计并实施有关工作。

劣势—挑战策略构建。

- T_1—T_2—W_1 单一的盈利模式使实体书店难以与标榜低价、折扣和具有完善配送系统的网上书店竞争。

- T_3—W_2 经营成本上涨是影响实体书店存活的一个重要因素，但不可避免。

该策略中，基本都是企业自身的"悲观"情绪，不能作为我们未来改善的重点。

综上所述，我们应该聚焦于可控的策略上：

- O_1—S_3—S_4 利用书店场地举办相关的展览和讲座，为有共同爱好的人群提供交流的机会和场所，扩大书店的固定消费人群，提高知名度。

- O_3—S_2—S_3 通过提供专业化、特色化服务，提高客户忠诚度。

- T_1—T_2—S_3 网上书店通过低价抢占市场，实体书店不能与其拼低价，而要细分客户群，进行特色化经营。

- T_3—T_4—S_2—S_4 实体书店能给读者提供试读，并且阅读环境是网上书店无法比拟的，实体书店不仅要出售书籍，更要提供营销服务。

- O_1—W_1 打破单一盈利模式，利用场地优势给读者提供更多不同的服务和体验，提高对读者的影响能力，刺激不同的消费。

- O_3—W_3 人们加大了对阅读的重视，书店应该吸引不同的消费人群。因此书店的经营应以满足大众消费让自身能存活为基础，在此基础上再提供特色化服务，建立自身品牌。

这就是针对企业确定的战略规划定位，选择整体性指导方针的方法。通过这种方法能够使我们更加准确地给企业各个业务板块制定具体的工作目标，为企业战略规划沿着正确的路径实施提供有效的保障。

3. 设计连贯性行动方案

从战略定位到策略选择，我们完成了从清晰目标方向到具体行动策略构建的过程。接下来，就是如何设计这些行动策略的具体实施方案。为了能够实现行动方案设计的连贯性，企业高层管理者与中层管理者需要完成一些具体的工作。

（1）高层管理者需要通过策略文件的方式，在企业内部清楚地传递企业当年需要完成的工作。所谓策略文件，就是指企业管理者在总结上一年度经营业绩达成之后，制定的下一年度企业经营工作的指导性文件。策略文件是企业未来一年常规工作的纲领性文件。所有的经营工作都要沿着这个大方向来开展（这就是前面总结的，目标管理要与高层管理者保持一致的基础对标）。

（2）中层管理者需要通过对策略文件的解读，从中找到属于自身业务管理的目标方向，并以此作为工作目标设定的源头，通过工作目标的设定、分解、标准制定与承诺方式的完善，进入目标管理的具体实施过程。

（3）中、高层管理者要共同完成的主要工作就是在具体的工作目标确定后，阶段性地评估目标达成的有效性及正确性，对于出现的偏差及时做出纠正。

通过以上对企业战略规划的整体内涵与任务框架的简要介绍，可以看出战略规划绝非一个简单的过程，而是一个完整的系统工程，各个任务缺一不可。要实现战略规划真正落地，并保证能够制订有针对性的实施方案，仍然要完成选择整体性指导方针和设计连贯性行动方案两个关键任务，以实现工作目标与组织战略的一致性。

案例解读——从企业战略规划定位到工作目标设定的全过程管理

2014年，笔者在一家民营企业做管理顾问，负责企业全案业务管理咨询，这是一个充满挑战的过程，让笔者学到很多管理经验，其中也包括教训。现在仍记忆犹新的是，笔者曾带领管理团队历时半年，完成了从企业战略规划定位到工作目标设定的全过程管理。尽管这不是一家非常知名的企业，更不是所谓的大企业，却是令笔者非常尊敬的企业，其在行业具有很高的知名度。接下来笔者就把这一全过程管理简要分享给大家。

案例背景

　　该民营企业在某细分行业有着较强实力，虽然年产值不高，但是有95%以上的产品销往世界各地，而且客户都是世界500强中前100位的企业。企业运营的方式是订单制造，根据客户的需求生产相应的产品，实现业务的持续发展。

　　2014年，企业遇到了一个成长瓶颈，虽然行业相对聚焦，但是客户细分较多，企业如何实现未来几年的战略规划及业务的持续发展问题，摆在了企业管理者的面前。作为管理顾问初到企业时，笔者经过三个月左右的摸底，在了解企业常规业务管理模式以及产品特点之后，在当年的中期启动了企业的战略规划工作，这里需要给大家一些当时确定的背景资料：**该企业的价值创建模式为客户导向型企业（以做订单为主）；业务增长战略是选择渐进式变革、关注利润；企业发展阶段是处于快速发展期；业务管控模式为运营管控型。**

1. 启动市场调研

在进行市场调研之前，企业营销体系的部分管理者曾说："我们对市场非常清楚，没有必要进行调研，你要什么数据我都可以告诉你。"面对这种情况，笔者的回答非常简单："研究完商业模式再说吧。"

经过两天的研究，当面对大家达成共识的商业模式时，我们发现现有的市场信息和数据是那样的少。于是确定需要两个月的时间做详细的市场调研，在按照业务板块划分职责的基础上，还要完成如下几项关键工作：

- 确定市场调研所需数据的来源渠道（国内、国外）；
- 确定在市场调研中各个部门负责的重点内容；
- 形成不同部门标准的信息汇总模板，以此来统一调研语言；
- 对所有参与市场调研的管理者以及员工进行相应的培训（因为有些人

并没有参与商业模式的研讨）。

在完成上述工作之后，我们才真正地开始市场调研。这些工作为后期的信息准确性提供了有效的保证，正所谓"无商业模式无调研、无调研标准无结果"。

两个月后，笔者与企业的高层管理者及核心骨干在办公室里花了整整两天时间，听取了所有市场调研的汇报。在这个过程中，我们不断针对某个产品和细分客户，通过SWOT矩阵分析法进行研讨。笔者记得当时出现过几次这样的场景，企业的董事长兼总经理在听到市场调研的信息以及分析后，好几次几乎是从椅子上"蹦起来"，他兴奋地看到企业还有非常大的成长空间，员工也多次表现出对未来的期待。很快，企业就基本完成了面向未来三年关键客户和关键产品的方向性规划。

2．重新审视企业价值链，并确定下一年度的经营策略和预算

（1）重新审视企业现有的价值链，深入评估企业产品/服务价值实现全过程，并着眼于未来结构化的调整方案，为企业未来的发展做好准备。与此同时，完成组织结构的调整（如果要设计组织结构，必须从企业价值实现过程开始梳理）。

（2）以公司经营管理委员会的名义，给所有干部下发下一年度策略文件，分别从营销、技术、质量、生产以及职能管理等环节提出重点工作目标及改善策略，并且在所有干部范围内做深入解读，确定每个部门下一年度的工作方向和主要结果定义。

（3）以销售数据为源头，按照公司确定的三年规划，反推下一年度的营销数据。从目标客户、目标产品系列以及销售渠道等关键要素出发，做出营销体系的年度预算（分解到月、产品线、合同额、回款）。

（4）由财务部门提供各个业务单元的预算模板，并按照公司确定的盈利目标，启动公司整体年度经营预算。

（5）在各个部门年度预算上交审核之后，办公室组织各个部门负责人进行年度工作总结以及下一年度工作计划的汇报，通过企业管理层的评估，最终完成公司整体年度经营预算。

对于一个从来没有做过战略规划和年度经营计划的企业来讲，这的确是不小的挑战，但是让笔者感到欣慰的是，不论是高层管理者还是中层管理者，他们对管理能力的提升都充满着渴望。

3．细分各个业务领域的工作目标，定义关键绩效指标

（1）按照笔者提供的工具模板对所有部门的关键绩效指标做全面、细致的描述，并与指标承担者和管理者达成一致，以此作为年度绩效评价的依据。

（2）为保证公司下一年度以及未来三年规划的有效达成，对各个业务部门设立了公司以及部门层面的改善项目，并通过项目管理方式，实现了过程计划的详细设计，以此作为每个管理者年度绩效评价的关键内容。在完成上述工作之后，我们形成了一个精练的企业战略规划及下一年度经营计划的纲要（见图 2.4），通过"一页纸"的方式，在组织内部实现有效传递，统一管理语言。

战略导向	战略实现要素	关键绩效指标	重点项目
使命	文化与价值观	财务角度	突破性项目
愿景	资源和合作伙伴	客户角度	
战略			
	管理方针	持续的竞争优势	持续改善项目
	领导力		
		人力资源	
战略目标	流程		

图 2.4　战略纲要

4．目标承诺

完成上述工作后，我们开始准备各个部门的《年度目标承诺书》。在企业年度表彰大会上，发布企业战略规划的同时，进行《年度目标承诺书》的签字仪式。

历时半年，几乎企业所有部门都参与的战略规划和年度经营计划的工作告一段落。每个管理者都非常清楚自身在下一年度的工作目标，真正实现了从企业战略规划定位到目标设定的管理能力提升。

进一步总结这段经历，笔者感受如下：

- 不论什么规模的企业，战略规划的制定必须遵循科学的管理思路，必须完成定位、选择整体性指导方针、设计连贯性行动方案三个关键任务。

- 战略方向的清晰化澄清，并在企业内部形成统一的管理语言，是战略规划能够实现落地的关键任务。

- 战略规划分阶段执行策略的设计，并在组织内部形成共识，是实现将战略规划向工作目标转变的关键任务。

只有做好、做扎实三个关键任务，才能提升战略规划的可实现性，减少工作目标与战略方向的偏差。

第二节 实现工作目标与企业年度经营策略保持一致

在企业战略规划确定后，接下来，每年都要围绕确定的规划做阶段性突破，其纲领性文件（第 1 份文件）就是企业最高管理者对企业上一年度所有经营工作的总结，以及对下一年度工作计划安排的报告。作为中层管理者或骨干员工，要认识到这是一个非常重要的信息媒介，是提高个人工作目标与企业年度经营策略切合度的关键点。那么,如何提升这个能力呢? 实践证明,中层管理者首先要建立正确的认知和思考方式。

如何看懂企业年度经营策略文件

所谓策略,就是指企业针对战略规划的定位,设计和规划出可以实现目标的方案集合。虽然有的企业以年度总结报告的方式代替策略文件,但是这并不影响我们理解企业管理者对经营工作的要求。那么,什么是策略文件? 该文件应该由哪些部分和内容构成呢?

1. 过去一年经营业绩的回顾

一般来说,本部分包含以下三个方面的内容:

(1)过去一年企业经营的主要数据,用与预算对比的方式进行呈现,很好地展现每个业务板块过去一年取得的经营成果。

(2)过去一年在管理改进方面取得了哪些重要突破,并对标企业战略规划,树立进步和提升的信心。

(3)过去一年取得的经验与教训,这是非常重要的一部分,这是企业管理者对管理现状的评估结果,并着眼于未来,需要不断完善的管理重点是什么。

实际上,本部分是通过数据给过去一年做一次经营上的结果通报。中层管理者既要关注自身的数据结果,也要关注相关业务的数据结果,更要关注管理者总结出来的经验与教训,因为这是企业高层管理者对企业整体管理的现状定义。

2. 环境分析

一般来说,本部分会从以下几个方面进行分析:

(1)企业所处行业发生和正在发生的变化,包含技术的变化、市场需求、竞争态势等，让我们了解从企业角度如何看待变化。

（2）从国家及行业主管部门的相关政策角度，分析我们遇到的挑战及机会。

（3）如果是集团化企业，还会从集团的角度提出对本企业各个业务板块的管理期望。

本部分，我们要时刻关注企业高层管理者是如何将环境因素与企业自身的优劣势进行挂钩的，这是引发后续企业管理要求的前提。

3. 年度经营策略总纲

本部分一般会包含企业战略规划的定位、对战略规划（已有）阶段性目标的进一步明确、下一年度的经营目标（具体的数据），以及为了实现上述目标提出的管理方向等主要内容。

以下是笔者曾经帮助某企业写过的年度经营策略总纲。

FY15（代表着财政年度 2015 年）公司将坚定不移地执行追求高速成长的战略，面对行业发展所带来的巨大挑战和机遇，以及由此带来的复杂多变的市场格局，为保持公司整体的健康、稳定、快速、持续发展，经公司管理委员会研讨，确定 FY15 公司经营策略和目标如下：

以更强的使命感和责任感、开放的心态以及持续的创业精神，加快国际化发展以及业务快速成长的进程，实现专业领域业务的均衡发展；以聚焦行业客户为根本，锁定目标市场为核心，逐步实现公司业务由"订单拉动"向"产品拉动"的有效的、合理的过渡；以构建具有竞争优势的市场能力和销售能力为核心，以规范和创新多元化的国际、国内的销售手段为重点，建立卓越的营销管理体系，持续提升"×××品牌"的美誉度和影响力；以更大的投入持续提升公司的核心技术能力，构建与客户同步发展的产品研发能力、工艺管理能力，快速开发具有竞争优势、品质可靠的新产品，持续改进老产品；大幅度提升公司整体运营管理能力和设备支撑能力，持续构建面向未来的高效率、高质量的组织管理文化。

　　FY15 公司总体经营目标为：销售收入××××万元、回款××××万元、国内/国际市场占比××%、新产品实现当年销售目标××××万元。

通过上述总纲，我们应该清楚地看到，管理者围绕企业下一年度发展规划会提出如下几个关键点：

（1）年度企业经营管理的指导思想是什么？（健康、稳定、快速、持续发展）

（2）年度总体经营目标是什么？（具体的业绩数据指标）

（3）企业高层管理者提出的关键业务领域都有哪些？每个业务领域提出的"关键词"都是什么？（市场、销售是重点，后端重点是研发与工艺，管理的重点是高效率、高质量的组织管理文化。）

（4）这些总体要求与上一年度对比有哪些变化？为什么？

本部分，是企业围绕新一年的经营管理工作的总体方向性要求。中层管理者要学会找到联系：高层管理者是否提到了你分管的业务板块，直接的或间接的？如果从方向看不到直接的联系，那么要注意在接下来的详细描述中是否提到？

4．对每个方向性工作要求提出详细的管理目标

在本部分中，企业高层管理者会针对提到的每个总体经营管理方向，提出更加详细、具体的管理要求。因为每个业务板块都有其专业的业务范畴，企业不可能每年都针对某个业务板块提出所有方面的改善要求，通常会针对第二部分提到的经验与教训、机会与挑战的现状，对重点管理方向提出年度的工作要求，以及具体的管理目标。

延续上面案例，我们拿出一个方向性管理要求，看看策略文件应该详细到什么程度。

以更大的投入持续提升公司的核心技术能力，构建与客户同步发展的产品研发能力、工艺管理能力，快速开发具有竞争优势、品质可靠的新产品，持续改进老产品。

策略原文：首先公司将"具备持续满足客户使用产品的环境需求、个性化的产品研发能力；为客户提供行业领先的、高端的、高精度、质量稳定、环保、安全的×××系列产品"作为自身产品研发与技术能力构建的目标，大幅度提升新产品的创建能力，以及工程转化能力。FY15公司整体研发与工艺管理的能力提升要做到"一个突破、二个覆盖、三个稳定"。"一个突破"要真正搭建起与目标客户使用公司产品环境相一致的试验环境，快速提升产品的适应性和针对性；"二个覆盖"要实现能够覆盖新产品研发以及工程转化管理的标准、流程及职责的管理机制，逐步提升新产品研发的严谨性和工程转化的可靠性；"三个稳定"是新产品开发输出稳定、工艺标准稳定、产品质量稳定。为了实现上述目标，公司研发体系"外部"要进一步加大与客户的交流与互动，"内部"要联合物流体系、设备管理体系、生产体系，投入精力积极推进技术评审机制的建设和实施，快速提升新产品研发及产品工艺管理的过程可控性和标准化程度。

其次，针对公司常规已销售产品，研发的重点是"质量稳定性的突破以及成本的降低"；针对×××产品的工作重点是"保证资源有效投入的同时，快速、高质量地产出，满足市场的需求"；针对新产品研发的工作重点是，在通过充分论证市场趋势及目标客户的需求基础上，FY15启动1~2个新产品研发项目，该项目的设定，一定要本着"高端的、行业领先"的产品定位，通过与行业领先客户共同开发的商业模式创新，统筹规划和建设与客户使用产品环境相一致的实验平台，保证公司在全球×××行业的领先性和前瞻性。

通过上述策略性描述，可以清楚地看到，企业管理者针对纲领性文件中提到的研发、工艺管理等关键业务领域，在新的一年提出非常清晰和具体的管理要求。针对这些信息，中层管理者要在此基础上，进一步思考下面几个关键点：

（1）再次审视与你直接相关的是什么？间接相关的是什么？

（2）公司提出的管理要求，优先顺序是什么？你认为的优先顺序是什么？

（3）完成这些目标你可能需要与谁配合？

（4）你看到了几个具体目标？数字化的是什么？行为要求是什么？

（5）公司提出的这些要求与战略目标之间的关系，从你分管部门的角度，你看到了多少联系？

上述几个问题是中层管理者自身需要思考的关键问题。只有这样，才能与分管的上级领导交流本部门的年度计划，才能与高层管理者保持一致。

通过对"如何看懂企业年度经营策略文件"的解读，可以发现策略文件的特点与价值。

（1）策略文件是企业阶段性经营的纲领性文件，是企业所有经营管理工作所要遵循的阶段性工作目标。这是作为企业高层管理者不论用什么方式，都必须在企业内部进行传递的管理要求。

（2）策略文件实际上就是前面讲到的企业战略规划管理框架中"选择整体性指导方针"的内涵，核心是围绕 SWOT 矩阵分析法来实现的。（策略文件第一部分的经验教训是 S—W 的单独提炼；策略文件第二部分的行业/市场/政策分析是 O—T 的单独提炼；策略文件的第三、四部分是 S—O/S—T/W—O/W—T 行动方案的设计。）

（3）中层管理者的年度工作目标就隐藏在策略文件中的每一句话中。

因此，中层管理者在工作目标管理过程中，要想实现与企业战略保持一致，那么学会并掌握从策略文件中找到阶段性工作目标的能力，就变得非常重要。这也是中层管理者必须学会的管理技能。

如何实现从企业年度经营策略文件中找到具体工作目标

既然看到企业年度经营策略文件与工作目标之间的重要关系，就必须掌握从策略文件到自身工作目标的连接技能。下面将用几个真实的案例来帮助大家理解工作目标导出的过程。案例会围绕下面几个步骤来做讲解。

（1）案例背景：企业背景的简要介绍，以及策略提出的主要方向。

（2）策略原文：企业提出的年度经营策略文件中的某个策略（或者某个部分）原文。

（3）解读策略文件的内涵：找到关键词、关键业务领域以及企业要求的目标。

（4）连接到工作目标：详细分析该策略应该与企业的哪些部门有联系？这些部门应该做出哪些思考？这就是未来制定工作目标的关键步骤。

接下来，为了满足各类读者的需求，我将解读案例，其中涉及营销、生产质量安全、人力资源、制度建设类和党组织建设五大业务领域，希望能为读者有效培养这个能力提供思路。

1. 市场推广策略类

（1）案例背景。

这是一家处于起步阶段的保险企业。通过几年的努力，已经成为区域市场的品牌企业，公司正处于规模化发展的快速增长阶段。

（2）策略原文。

坚持品质至上，构建强大的持续成长能力和一流的××品牌能力。

为了实现上述目标，公司要求在四个方面有所突破：业务品质，要聚焦继续率、投诉、退保关键指标，达到行业优秀标准；管理品质，要将服务对象的满意度视为衡量管理品质的第一评价标准；干部品质，要进一步培养进取、责任、成长的×××干部队伍品质；品牌建设，要持续推进×××品牌，资源更多下沉机构与一线。

（3）解读策略文件的内涵并连接到工作目标。

这虽是一个关于市场品牌推广的话题，但是其中涉及的内涵不少，下面详细看一下可以解读的内涵都有哪些。

1）关键词。

- 目标的关键词有"品质""成长能力""一流品牌"。
- 实现措施的关键词有"品质""管理""干部""品牌"。

关键词提炼的最大价值，就是对策略文件理解得更加聚焦。我们非常清楚地看到该企业围绕一流品牌建设，将继续率、投诉、退保三项指标作为改善的重点，同时围绕品牌建设提出了相应的改善措施。下面逐条分析我们可以看到的工作目标。

2）解读并连接到工作目标。

措施一：业务品质，要聚焦继续率、投诉、退保关键指标，达到行业优秀标准。

- **继续率**：简称续保率，简而言之，就是指投保人在原有保险合同的基础上向保险人提出续保申请。
- **投诉**：就是指客户对服务不满意的意见反馈。
- **退保**：就是指在保险合同没有完全履行时，经投保人向保险人申请，保险人同意，解除双方由合同确定的法律关系。

在理解了上述基本行业术语之后，可以看到该策略的三个关键点：客户新需求的挖掘、客户服务满意度、保险产品的价值增值度。这三点是高层管理者要求业务部门提升业务品质的主要方向，那么围绕此策略，按照企业常规业务的管理分工，有两个核心部门应该做如下认真思考。

　↘ 营销管理部门。

毫无疑问，营销是接触客户的关键渠道，该部门领导应该有如下思考：

- 要分析客户不续保的原因是产品问题还是服务问题引发的。

- 与竞争对手相比，我们的优势是否得到了发挥？劣势是否有弥补的办法？如果有优势，那么在营销过程中是否看到了其价值的体现？如果没有优势，那么与产品设计部门是否可以立项做详细设计，提炼并包装我们的竞争优势？

- 如果要立项，那么将对标哪类竞争对手？相对于他们，我们的优劣势是什么？SWOT 策略是什么？

如果对上述问题有明确的答案，那么也许在新的一年，我们可以设立一个产品创新或者改善提升续保率的工作目标。

　↘ 客户关系管理部门。

如果营销是客户关系的建立主体，那么客户关系管理部门就是客户关系维系和发展的主体，该部门针对公司提出的管理策略，应该进行以下思考：

- 过去一年接到的客户投诉都包含哪些问题？是否已经完成了相关处理？

- 针对这些已经处理的问题，是否在组织内部形成了案例并做了分享？

- 围绕这些案例，是否需要在组织内部做出流程的改善？如果需要，是否已经开始做改善？

- 围绕这些改善，将行业的哪家公司作为我们改善的对标？他们的标准是什么？我们的改善从哪里开始？

如果对上述问题有明确的答案，那么也许在新的一年里，我们可以设定如下工作目标：知识管理类，建立几个管理案例；流程改善类，优化几个关键流程；服务标准化类，需要在哪些岗位和服务流程中优化现有标准，优化几个，何时实现发布。

措施二：管理品质，要将服务对象的满意度视为衡量管理品质的第一评价标准。

有人可能认为这个策略与上面的客户关系管理的内容重复了，但是你要相信管理者的年度经营策略文件中绝对不会出现这样的低级错误，背后一定有道理。

我们要清楚客户服务满意度是企业内部一切工作结果的集合。内部没有一个高质量的工作过程，面向客户就不可能有一个满意的结果。而高层管理者在该策略中提出的管理品质，并没有提客户满意度，而是提服务对象的满意度。中层管理者应该想到，服务对象不仅是组织外部的客户，也包含组织内部的客户。这是正确理解该项策略措施的关键所在。那么围绕该项措施，所有部门的中层管理者应该怎样思考呢？笔者认为必须思考下面几个问题：

- 你所在部门在组织内部的客户有哪些？
- 他们需要你们部门产出什么样的成果？
- 你是否认识到我们部门应该有这种成果产出？
- 针对这种产出成果，衡量的标准是什么？客户是否认同？过去一年他们有什么反馈？
- 实现这种产出成果，需要由部门内部的哪些岗位来完成？他们工作的能力、遵循的流程、所需资源，以及输出标准是否有了清楚的定义？
- 在新的一年里，部门需要在哪些产出上做出改善？由谁负责？标准是什么？

通过该策略的分析，可以更加清楚地看到，企业一定是处于企业的快速发展阶段，因为该阶段的企业都会遇到一个共性问题，就是职能部门的管理工作在被业务部门"牵着走"。部门之间的切合度、职责清晰度、问题解决及响应速度等能力短板，都会逐渐地被显现出来，这是很多企业在该阶段容易出现的普遍现象。

因此，所有部门的管理职责都处于一个不断完善的过程中。中层管理者每年都应该设立一个类似的工作目标，如流程优化改善目标、职责完善性目标、关键岗位管理能力提升目标等。与此同时，企业的人力资源还可以围绕管理品质，设计并建立一个职能部门与业务部门之间的工作评价体系，类似于企业内部服务满意度的评价机制。只有这样，高层管理者的所谓管理品质提升，才能得以实现。

措施三：干部品质，要进一步培养进取、责任、成长的×××干部队伍品质。

"品质"这一关键词，企业从客户延展到管理，在此又延展到干部。可以看到其背后的逻辑：客户接受的品质来源于产品与服务，而产品与服务的品质来源于企业的各项管理，而决定管理结果的一定是干部。如果查看前面的企业战略规划的整体内涵与任务框架，关于在企业不同发展阶段对管理者的能力定义，那么快速发展阶段的核心任务是开发运营体系，而对管理者的能力要求为战略规划、团队合作、目标导向、专业技能、跨文化开发性以及问题解决能力。不难看到，高层管理者对干部提出的进取、责任、成长要求，恰恰是该企业在快速发展阶段各级管理者需要提升的关键能力。

- **进取**：对应的是战略规划，无进取精神何谈战略规划。
- **责任**：对应的是团队合作、目标导向和专业技能。每个管理环节的责任，一定是第一位的管理要素。
- **成长**：对应的是跨文化开发性以及问题解决能力。正所谓"无包容无成长，无改善无成长"，其实就是这个道理。

那么围绕高层管理者提出的这项改善措施，哪些部门应该进行思考呢？笔者认为下面几个部门一定要有深入的思考。

↘ 人力资源部。

毫无疑问，人力资源部的干部管理职能，将是这项措施实施的主要责任主体。人力资源负责人应该深刻地看到，实现企业干部品质提升，必须从干部自身做起。那么人力资源负责人就需要思考如下几个关键问题：

- 是否已经建立进取、责任、成长的干部队伍品质行为标准？如果没有，今年如何建立？

- 如果有，依据这个行为标准，从今年的评价结果中发现的问题是什么？针对干部，围绕这个标准的改善目标是什么？

- 围绕改善目标，人力资源部今年准备对干部队伍进行哪些针对性的培训？

- 围绕进取、责任、成长这三个标准，今年是否有计划在组织内部树立几个榜样性人物，并总结和宣导他们的事迹？

如果对上述问题有明确的答案，那么人力资源部可以设立如下几个项目类的工作目标：构建领导力素质模型、围绕三个标准进行针对性的培训项目设计、设立干部勤政的事迹宣导项目等。

↘ 所有管理者（个人）。

谈到干部品质，不要简单地认为就是人力资源的事情，更是每名管理者自身的工作。该企业的所有管理者，当你看到高层管理者提出三个干部品质时，你至少应该思考下面几个关键问题：

- 是否清楚公司为什么要强调这三个品质？

- 过去自己在这三个品质方面存在哪些问题？今年给自己设立哪些改善目标？

- 你如何在本部门内部宣导和传承这三个品质？

如果对上述问题有明确答案，每名管理者就可以找到一个改善点，给自己设立一个自我改善的成长目标（问题改善类）。

"管理自己、发展自己"是领导力发展的"无限重复的三个循环"中的第一个（另外两个是"管理他人、发展他人，管理业务、发展业务"），是需要每名管理者无限循环地做出改善的。只有这样，我们才能成长，企业的目标也才会有实现的希望。

措施四：品牌建设，要持续推进×××品牌，资源更多下沉机构与一线。

策略文件从客户延展到管理，再延展到管理者，最后回归到企业的整体品牌形象。由此可以看到，不论什么企业，对品牌的理解绝对不是一个单一因素，而是企业整体实力的集合。

在这个措施中，我们可以清楚地看到关键词——资源下沉。毫无疑问，这与企业不断扩展覆盖区域所带来的管理要求密切相关，也符合快速发展企业的特点。围绕该策略，笔者认为下面几个部门一定要有深入的思考。

↘ 市场部门。

围绕该策略，市场部门起码要思考如下几个关键问题：

- 过去一年品牌建设遇到的最大问题是什么？（先抛开"钱"的问题思考。）

- 是否能够衡量用户带入感、用户时间占有、社群引爆力、场景变现力等量化指标？（这是市场推广知识体系中场景构建能力的内涵，也是评估当今市场推广能力的重要标准。）

- 下一年度公司品牌建设目标是什么？全年设几个推广主题？分阶段实施的主要方式是什么？

- 如何理解公司的"持续"概念？如何与已有的品牌推广活动做好衔接？

- 资源下沉的原则是什么？实施的策略是什么？为什么？

如果对上述问题有明确答案，市场部门的管理者就不难设立如下工作目标：公司市场费用下沉的管理规则构建（制度建设类）、品牌推广活动项目设计（项目类）、品牌活动的评价管理办法构建（制度建设类）等。

↘ 基层营销部门。

既然谈到品牌资源下沉，那么基层营销部门一定是最终的受益者，同时也是任务目标的承担者。那么作为基层营销部门的管理者，就应该思考如下问题：

- 在自己负责的区域，品牌推广的突破口在哪里？

- 围绕公司的资源下沉计划，自身所在区域的年度市场推广目标如何制定？
- 公司整体品牌活动如何在本区域落地？需要做哪些前期准备？

如果对上述问题有明确答案，在企业相关管理制度以及活动计划出台的时候就不会茫然，同时可以给自己设定工作目标。例如，通过品牌活动的下沉，实现业绩突破达到多少？区域市场品牌推广活动的设计方案如何在本地实现特色化和专业化？

小结：从企业的策略文件拆解出相关部门年度工作目标的过程，实际上是一个站在企业高层管理者的角度对自身业务管理不断做出评估的过程。每一次思考都离不开职责范畴、专业知识体系、问题与差距识别等关键点，把握住这些关键点，就是解读企业年度经营策略文件的关键所在，从而找到自身应该有的工作目标。

2．生产质量安全类

（1）案例背景。

这是一家全球 500 强企业（专业领域全球排名前三位）中国公司的年度经营管理工作的要求。该公司在中国工厂的主要职责是生产制造，保证产品质量的可靠性和安全性。其中非常重要的一个业务板块就是集团研发的新产品在本地化的生产转化工作，用专业术语讲就是 NPI——新产品导入；同时也承担着客户对产品的意见搜集和反馈工作。

（2）策略原文。

为达成零事故，将积极推进打造安全环境，转换员工安全意识。

为了从根本上防止因对系统和管理方法的无知而发生的大大小小的事故，需要着力培养统计分析、共同要素技术等特定领域的专家，将 PCCB（工艺变更管理）、品质事前管理、原资材品质验证管理等管理方法体系化。

以全体员工为对象，定期进行安全教育，共享事故案例；通过与企业全员革新活动的联动，使员工能够自发地进行改善活动，提升全员安全意识，以使员工理解达成零事故的必要性并积极参与其中。通过每周运营一次现场检查及环境安全检查会议，鼓励员工积极提出改善建议，推进改善活动。

（3）解读策略文件的内涵并连接到工作目标。

首先，对几个专业术语，如共同要素技术、PCCB 的定义加以解释。

- **共同要素技术**：所谓要素，就是指构成一个客观事物并维持其运动的、必要的最小单位；是构成事物必不可少的因素，又是组成系统的基本单元；是系统产生、变化、发展的动因。那么共同要素技术，就是指在企业绝大部分的生产制造环节都存在的、同类的问题解决技术。

- **PCCB**：是产品（工艺）变更管理的意思，有些企业也将其称为 ECCB。其核心就是根据市场的反馈，对现有产品的制造工艺或者产品设计加以修改（产品设计修改原则上是不需要做重新认证的，除非涉及产品认证的主要技术），以便更好地满足市场需求的管理过程。这里涉及产品设计部门、工艺部门、制造部门以及质量控制部门等的管理工作。

在上述定义清晰的前提下，我们看看这个年度经营策略文件中提到的目标所涉及的业务领域有哪些。

1）关键词。

- **安全零事故**：这是目标，事故是因对系统和方法的无知所带来的，并不是企业没有管理要求，而是这些管理要求在企业员工层面没有得到很好落实。

- **专家培养方向**：统计分析、共同要素技术。

- **三个关键业务领域的体系化建设**：PCCB、品质事前管理、原资材品质验证管理。

- **改善措施**：共享事故案例、监督检查的制度化。

通过对策略内涵的进一步解读，可以看到该年度经营策略文件，既涉及企业广泛性的管理，如全员的安全意识（对系统和方法的无知），也涉及某些业务领域的专业管理（专业人才培养、PCCB、质量等）。

2）解读并连接到工作目标。

↘ 所有中层管理者。

既然这是一个全员的安全管理意识提升要求，那么所有部门的负责人就必须思考，与自身分管部门之间有什么关系，策略中提到的关键措施如何去做等。这里会涉及如下几个关键问题：

① 所在部门在过去一年中是否出现过类似的安全问题？这是中层管理者必须有的第一反应，还可以更加深度地思考：有多少是由对管理方法的无知所带来的？有多少是由管理盲点所带来的？如果出现过类似问题，是否已经总结出了相关案例，并在部门内部形成分享的方法和机制？

② 与 PCCB、质量事前管理、采购入场检验有直接的工作关系吗？如果有直接关系，那么过去一年发生过的问题是什么？已经采取了什么改善措施？结果如何？如果结果不好，今年的改善目标是什么？如果没有直接关系，那么部门潜在的或者已经出现的安全管理问题是什么？今年有几个改善目标？

这不仅是中层管理者面对企业整体要求进行自我审视的过程，更是一个基于管理责任的深度思考过程。在实际工作中，很多企业的中层管理者在这方面都是非常欠缺的。

③ 公司提出 PCCB、品质事前管理、原资材品质验证管理等管理方法体系化，我与这三个关键业务领域有什么关系？管理体系化的建设一定不是某个业务单元的孤立任务，而是企业整体运营的系统化建设。那么，中层管理者就必须思考：体系化建设的目标涉及自身分管业务的哪些关键业务过程？目前这些过程是否已经有了详细的管理流程和标准？运行的关键问题是什么？与三大核心流程之间的衔接关系有什么问题？改善的关键点是什么？

如果你能够做出这样的思考，笔者相信一旦企业启动该体系化建设的项目，你进入的速度和参与度将得到很大提升。

④ 看到公司培养的目标，我们部门是否需要培养这样的专家？培训资源

在任何企业都属于稀缺资源。既然企业在培养通用类人才，那么我们为什么不能给自己的员工提供机会呢？这也是部门内部员工发展的有利时机，我们不能无视。

⑤ 按照公司的督查要求，部门过去安全检查的活动是如何组织的？我们甚至还可以更加深入地思考：我们是每周都在做安全检查吗？效果如何？结合案例开了吗？我们总结过案例吗？（哪种案例的展现形式最好？现有的方式有效吗？）如果案例已经有了，那么这些案例转变成现实业务的管理规范了吗？今年进一步提升检查效果的方式是什么？其他部门是如何做的？有哪些部门的方式值得你借鉴？

检查、案例等管理手段并不是我们的最终管理目标，而是最终要在企业业务中形成管理的规范。没有形成规范、没有将规范传递到每个岗位，并进行反复训练，企业或者员工的所谓安全意识是不会形成的。

上述五个方面的问题是企业所有中层管理者在看到企业这一策略时，必须思考的。由此，未来自身的工作目标可以设立以下几个方面：案例库的建立（知识管理及项目类的目标）、安全隐患问题改善（问题改善类目标）、部门流程改善类目标（制度建设类）等。

↘ 人力资源部门。

在这一策略中，我们可以非常清晰地看到，其中一个主要内容与人力资源密不可分，那就是"着力培养统计分析、共同要素技术等特定领域的专家"。围绕这个方向，人力资源部门必须思考如下问题：

- 我们是否已经有了对应的培养方案，而不仅仅是培训？
- 是通过内部培养，还是内外部资源的整合方式来实现培养目标？
- 培养对象的入口标准是什么？
- 培训之后的转化措施是什么？
- 如何评估培养的结果？

围绕上述问题进行思考，毫无疑问，人力资源部门就可以设立一个工作目标，即统计分析、共同要素技术等特定领域专家的培养项目。

↘ 产品设计部门、质量控制部门等几个关键部门。

策略中虽然有非常广泛的管理要求，但同时也存在非常聚焦的专业领域管理要求，如 PCCB、品质事前管理、原资材品质验证管理等管理方法体系化。按照企业常规的管理逻辑，这里会涉及产品设计部门（NPI）、质量控制部门（QC）、采购部门等。

围绕企业提出的管理方法体系化的要求，上述部门应该进行以下思考：

- 现有管理体系存在的主要问题是什么？
- 过去一年我们发现的主要问题表现是什么？有几种？具体案例是什么？原因是什么？
- 针对上述问题，现有管理制度的覆盖度如何？执行度如何？
- 体系化建设的先后顺序是什么？哪些需要重新构建？哪些需要优化？
- 体系化建设应该由哪个部门牵头？相互之间应该怎么配合？
- 体系化建设之后，如何实现管理标准化在内部管理中的落地？方式是什么？

通过对上述问题的深度思考，我们可以看到，该策略内容所涉及的主要部门可以构建的工作目标基本上可以归纳为制度建设类（针对制度不完整）和问题改善类（针对制度执行不到位）两类。

小结：企业年度经营策略文件的管理要求，有的是普遍性问题，有的是针对性问题。面对这样的策略文件，中层管理者一定要完成的任务，就是实现自身与策略要求的有效连接。只有这样，才能真正实现自身的工作目标与组织的经营策略保持一致。

3．人力资源类

（1）案例背景。

这是一家在某个专业领域非常知名的日资企业，过去在中国的制造基地仅仅围绕生产和销售来布局。随着中国市场的不断扩大，集团决定要加大中国本土人才梯队建设，并提出了非常高的要求。

（2）策略原文。

人才培养改革和组织能力强化。

在为优秀的企业人才本地化录用员工创造发展空间的同时，加速实现人才本地化和强化组织能力。为将公司打造为有成果必有回报，能够体现有工作价值的公司，改变工资及评价体系（这是该集团亚洲区总裁给中国本土企业管理者提出的策略方向，一句话概括之）。

（3）解读策略文件的内涵并连接到工作目标。

1）关键词。

- **发展空间**：公司已经有了给员工创造发展空间的管理机制。
- **人才本地化**：要求是加速实现人才本地化。
- **组织能力**：这是一个定义非常广泛的词，我们需要理解其内涵。如果从文字中看，它与人才本地化连接在一起，那么应该是指人才本地化的组织能力。
- **工资及评价体系**：改善的目标是有成果必有回报，能够体现有工作价值的公司。

通过上述对策略原文中关键词的提炼，我们可以发现其中最为重要的是人才本地化的速度、工资及绩效评价体系两方面的内容。其他内容都是围绕这两个方面提供保障和要求的。

2）解读并连接到工作目标。

这是人力资源的目标方向，但是实际上也存在业务部门的配合。下面我们分别来解读一下。

↳ 人力资源部门。

首先作为人力资源部门的管理者，应该清楚高层管理者提出的上述关键词之间的关系。因为策略文件中的文字原则上是没有"废话"的。

　　笔者的理解是，公司已经开始实施的员工创造发展空间的管理，一定会帮助我们探索出本企业本土化人才的培养机制，以及企业可以给员工提供的职业生涯发展通道，这个路径是清楚的。与此同时，改善工资及评价体系不仅是为了吸引人才，更重要的是为如何有效地留住人才提供管理的保障，"留住人才比招聘人才更为重要"是人力资源管理亘古不变的真理。公司管理者针对工资及评价体系的改善，提出了非常清楚的方向，那就是"企业要成为有成果必有回报，能够体现有工作价值的公司"，核心是"成果与回报"和"工作价值"两个方面。

　　按照这样的逻辑，人力资源部门的管理者必须思考如下几个关键问题。

　　① 已经推行的员工创造发展空间管理目前执行的结果如何？针对执行结果应该思考：体系运转的有效性和顺畅性如何？有多少员工在这个发展空间上得到了成长？成长周期如何？他们都有哪些共性？存在哪些需要改善的问题？

　　② 这个员工创造发展空间的管理机制，在企业中可以覆盖的业务范畴如何？该发展空间是否可以满足企业发展的人才需求？有没有业务板块不能进入该发展空间的管理范畴？如果有，原因是什么？我们未来改善的目标和方式是什么？

　　③ 近两年内"本地化人才"的培养方向是什么？我们首先要清楚：目前尚未实现本地化人才配置的岗位有多少；管理者对这些岗位的本地化进程有哪些要求；已经有的发展空间管理机制是否已经覆盖这些岗位；该岗位的配置标准是什么；未来几年的业务发展规划对应到该岗位的需求是什么；后备人选可以从哪类岗位中选拔；如果没有符合标准的后备人才，我们的招聘策略又是什么。这些问题在专业的人力资源管理中，我们将其划归为人力资本范畴，简称人力资本准备度分析。

　　④ 如何定义工作价值？对员工意味着什么？对公司意味着什么？我们必须对这些模糊的概念给出清晰的定义。因为任何一个企业在不同阶段对价

值的定义都会有区别，所以对应的管理措施以及相关管理规定也会不同，我们需要从企业的角度给出清晰的定义。只有这样，才能有效地引导员工的行为。

⑤ 现有的工资体系存在的主要问题是什么？人力资源部门的管理者在面对工资体系管理和优化的问题时，首先头脑中必须有人力总成本的概念。我们必须思考以下几个问题：

- 工资占总成本的比例如何？
- 工资与销售业绩之间的配比关系如何？
- 整体薪酬的内涵与工资之间的关系如何？
- 激励薪酬发放的节奏与业务收益的节奏是什么关系？
- 工资与定义了的"价值"是什么关系？我们要体现的价值导向是什么？
- 公司在行业中的定位以及薪酬策略是什么？

如果对这些问题不能思考清楚，那么工作目标一定会出现偏差。

按照这样的思考，人力资源部门至少可以在以下几个方面设定自身的工作目标：员工创造发展空间管理机制的优化（制度建设类）、人才盘点以及人力资本准备度构建（制度建设类）、关键人才获取能力提升（问题改善类）、薪酬机制优化（制度建设类）等。

↘ 企业业务部门的负责人。

如果看到这些人力资源部门的管理内涵，很多人认为这就是人力资源部门的工作，其实不然！因为任何组织的人员管理绝对不只是人力资源一个部门的工作，所有部门的负责人都是企业最前沿的人力资源负责人。那么，我们应该如何在该策略中找到我们的目标呢？我们需要进行哪些思考呢？

业务部门的负责人至少要思考以下几个关键问题：

- 如果加速实现本地化人才，那么我们部门哪些岗位需要加快本地化速度？
- 挑战是什么？有效培养的方式是什么？

- 企业针对我们部门制定的业务规划与人员配比的关系是什么？

- 本部门有哪些核心岗位的后备力量？

- 本部门的哪些岗位在工作回报和价值体现上存在问题？对标公司要求，差距是什么？

- 今年我们的改善目标是什么？我们需要什么帮助？

虽然很多企业的中层管理者在该策略内容中将自己定位为一个配角，但是如果能有上述思考，就实现了配角与主角两者之间的价值切换，这是非常重要的。

小结：通过对上面案例的深度思考，我们发现这条策略看似简单，却隐藏着很多内涵。如果我们对专业管理技能的理解不到位，那么"将策略变成工作目标"就是一句空话。

4．党群工作类

（1）案例背景。

党群工作也是企业管理中的一个重要组成部分。笔者曾经在一家民营企业看到，在年度经营策略文件中用很大篇幅来讲党群工作的要求，令笔者非常敬佩。后来笔者成为这家企业的管理顾问。通过一段时间的密切接触和工作交流，笔者发现这家企业处在一个发展迅速、变化多样的高科技行业，深刻地感到该企业的管理者是如何用党的理论来引导各级管理者行为规范的。我们先来看他们的具体要求。

（2）策略原文。

要继续加强企业文化建设，继续探索用党的理论和实践体系，加强对团队建设和经营管理工作的指导。

"用党的理论体系、作风和实践，来指导团队的建设和经营管理工作"是新的一年党建工作的重点。通过过去持续的学习，我们对党的认识在不断加强，其中几个关键点（党员的先锋带头作用、国家赋予你的职责和权力）尤为重要。

加强用党的理论、作风和实践体系来指导经营管理和团队的建设，用不断的创新发展引领企业的前进，是党的优良作风在经营管理中的有效落实手段；理论联系实际、密切联系群众、批评与自我批评，我们都在做，但是新的一年我们更要在理论联系实际上有所突破。我们并没有把我们的理论定位在学术界那些专家手里，而是需要我们所有党员干部将其应用在现实工作中，不拘泥于他们的思想理论，强调的是理论联系实际。

（3）解读策略文件的内涵并连接到工作目标。

1）关键词。

- **带头作用**：毫无疑问，这指向各级管理者，我们不要忘记作为党员干部的价值所在。

- **职责和权力**：文字描述是"国家赋予"的，但是在这里我们可以理解为是企业赋予你的。我们应该如何去敬畏职责、履行职责？

- **理论联系实际**：这是在文字中出现和讲述最多的关键词，而且提出了新的一年的突破要求。

由此可见，带头作用是目标，职责和权力是底线，理论联系实际是根本。

2）解读并连接到工作目标。

通过这样的解读，我们会非常清晰地看到，这条经营管理策略明确指向了党群管理部门以及企业所有管理干部。那么，这些目标人群应该如何思考呢？

↘ 党群部门。

该部门在企业中的角色首先是党组织方针政策的宣导者，以及党建工作的设计者和推动者。因此围绕企业管理者提出的党风建设，尤其是加强理论联系实际的创新要求，该部门的管理者要思考以下几个问题：

① 本企业对干部提出的党性的行为准则是什么？这个问题的思考要包含：在过去的一年，我们所进行的党性教育活动中，发现的问题都有哪些？

好的是什么？坏的是什么？典型行为是什么？如何定义今年的工作重点？

② 理论联系实际的管理标准是什么？如果管理者今年提出要理论联系实际，而且提出突破的要求，那么就要思考，我们过去围绕理论联系实际都做过什么工作，今年在哪些方面做出突破。

③ 如果要实现理论联系实际的突破，我们将采取什么活动？活动的主题如何设计？过程如何组织？典型如何树立？树立的典型如何在组织内部进行有价值的宣导？

如果对上述问题能够思考清楚，党群部门的管理者就会很轻松地定义一个非常具体的工作目标，即设计并推动理论联系实际党建活动（项目类工作目标）。

↘ 所有管理干部。

高层管理者之所以对管理干部提出了理论联系实际的重点要求，这与该公司的业务发展趋势密不可分。日常工作中他们接触到大量前瞻性信息、技术升级信息，以及很多即将挑战现有业务模式的商业信息。面对这些，高层管理者实际上是要求各级管理干部，清楚如何将这些信息有效地转化成企业的生产力，并在这个过程中承担起个人的责任，为企业的发展做出贡献。因此，所有管理干部要有如下思考：

- 在我分管的业务领域所面临的挑战是什么？
- 技术的发展趋势是什么？
- 围绕企业业务的发展，我们可以创新的方向是什么？如何实现这些创新？
- 按照组织的要求，个人对管理的责任和职责履行的程度如何？新的一年需要做出哪些改善？

如果对上述问题能够进行有效的思考和反思，那么笔者相信各级管理者都应该给自己设立两个方向的工作目标，即创新类项目（项目类目标）和自我改善类项目（问题解决类目标）。

　　小结：不论企业哪方面的经营策略，最终都要还原到企业的经营管理活动中，脱离现实工作的策略一定不是企业想要的经营策略。如果经营策略不能转化为现实的、具体的工作目标，这样的经营策略就相当于"空谈"。

　　通过对上述四个案例的全面分析和解读，我们可以看到，如果要实现工作目标与企业战略方向以及年度经营策略的有效结合并保持一致，我们必须重视企业管理者的年度工作报告，因为这是我们未来一个阶段经营管理的重点。作为企业的中层管理者，如果要实现个人工作目标与经营策略的有效连接，我们必须做好以下三个步骤。

　　（1）深度解读企业的经营策略文件。

　　从中找到：企业未来几年的发展战略是什么？目标是什么？今年实施的重点工作是什么？涉及哪些业务领域？管理的优先顺序是什么？

　　（2）实现与自身工作管理的挂钩。

　　分析清楚：直接涉及我分管的业务是什么？间接涉及的业务是什么？需要与谁配合？管理者提出了什么样的标准？是数字还是行为？我的优先顺序与企业的优先顺序是什么关系？

　　（3）找到个人以及部门的工作目标。

　　建立工作目标：按照企业的要求，如何设定今年的改善目标？设定几个？达成结果是什么？如何与我的上级达成一致？我需要做什么准备？

　　只有完成了上述三个关键步骤，我们才能带着个人的理解与主管领导进行有效交流，也才能实现自身的工作目标与企业战略和经营策略的有效结合。

第三节　设定清晰的工作目标

　　清楚"企业战略规划的基本步骤，以及实现与企业经营策略保持一致"的思维方式，是实现工作目标清晰化的前提，也是方向性问题。

　　在此基础上，中层管理者要完成对已经确定的工作方向进行具体工作目标的设计环节。在本节我们需要解决以下几个关键问题：

- 设定符合 SMART 原则的工作目标。
- 分析影响工作目标实现的内外部因素以及对应的解决方案。
- 设计工作目标实现的关键路径。
- 设计时间期限。

设定符合 SMART 原则的工作目标

SMART 原则（具体的、可衡量的、可实现的、相关的、有时限的）大家耳熟能详，其在目标管理中是最为基础的管理工具。但是，往往这些基础且熟知的管理工具在现实工作中并未得到正确使用。下面我们通过几个反面案例，由浅入深地解读一下 SMART 原则。

1. 我要买一台车

你认为这是目标吗？很多人会想到这是我们在日常生活中经常说过的一句话。但是，如果按照 SMART 原则来衡量，它不是一个目标，而是一种想法。

因为我们会有很多不清晰的信息，例如，你到底要买一台什么车，轿车、商务车、卡车？什么时间买？买得起吗？这些不确定因素，决定了这不是一个清晰的目标，而是一种想法。

2. 我要养成读书的习惯

你认为这是目标吗？不论是在工作中还是在生活中，我们会经常听到类似这样的说法。但是，它不是目标，仍然是一种想法。因为它是不可衡量的，我们不知道你所说的养成习惯的标准是什么。

如果按照 SMART 原则对该目标做一次修正，你会如何修改呢？笔者认为，至少要达到这样的程度——为了养成读书的习惯，我从现在开始要保证每月读几本书，什么方面的书，每天拿出多长时间来读，大体上时间安排是怎样的（早上、晚上）……只有做到这样的清晰化，才能对该目标进行管理，阶段性评估我们是否能够做到。

3. 五年内我们家要攒 300 万元，在某市中心买一个带电梯、三室两厅两卫的小高层

这是我的一个学员在做课堂练习的时候，拍着胸脯跟我说的："老师，这是我们家经过认真研究确定的生活目标。"从他的表情中我可以看出，这的确是他们家全体研究后决定的一件"大事"。但是，我追问了一个问题："你认为五年后，300 万元还能买得起你想要的房子吗？"听完我的问题，这个学员沉默了。

的确，这不是一个我们可以管控的因素，对于一个不可管控的因素建立目标，那么结果毫无疑问是不确定的。最后我给他的建议是将该目标修改成——五年内家庭要攒 300 万元！如果按照这样的修改，可以做的工作如下：

- 评估现有家庭存款。
- 评估目前家庭的固定收入以及未来可增长的空间。
- 确定每月的存款计划。
- 确定相对目标存款差额的解决方案。

这样的话，笔者相信每个家庭成员都知道未来几年需要做什么。

上述三个案例是围绕日常生活的关于 SMART 原则的典型问题。之所以从这里开始，是因为日常生活的习惯是可以复制到工作岗位上的。

接下来我们看看在日常工作中经常容易犯的错误。

4. 2018 年 12 月 1 日之前完成本部门的年度总结

这是作为中层管理者，年底经常给自己列出的工作目标。看上去没有什么问题，但是如果仔细评估一下该目标的最终交付成果是什么，你就会发现它有以下几种可能：

- 你自身完成部门总结报告的撰写。
- 自身完成报告撰写，并在部门内部达成一致意见。
- 年度工作总结通过主管领导的评审，并修改审核通过。

上述三种情况带来的是完全不同的三种结果，同时对于该目标的实施计划设计，也会存在很大的"任务数量"的差异。你到底想要的是哪个？终点定义不同，过程及结果就一定不同。

类似问题还经常出现在制度建设、方案设计等目标设定过程中，这一点必须引起中层管理者的注意。

5．销售目标：2018 年年底之前完成 3 000 万元的销售任务

这是从事销售岗位的管理者或者员工，经常写出的工作目标。看似很完整，但是如果深入理解销售的管理，就会发现在这个目标中并没有描述清楚企业对销售的期望。例如，3 000 万元的销售任务，是合同签订，还是实现产品发货，或是销售回款？

因为如果产品不能实现发货，合同额就不会变成回款额，企业就不能形成收入，销售是没有价值的。笔者曾经分析过很多企业的销售数据，发现类似问题很多，主要表现为：我们以合同额作为销售业绩考核的主要数据，却忽略了回款额（尤其是当年合同的回款额）的要求，带来的结果一定是企业没有得到应有的收益。因此，按照 SMART 原则对于销售业绩目标的定义，就不只是简单的数据任务，而是要给出清晰的管理追求。

通过上述案例的分析与解读我们可以看到，真正按照 SMART 原则来定义工作目标，并不是一项简单的工作。我们对容易出现的问题归纳为下面几点：

- 对目标的最终交付成果不清晰，带来目标定义的"具体性"缺失。
- 对企业业务管理的宗旨不清晰，带来目标定义的"可衡量性"缺失。
- 对目标的影响因素分析不清晰，带来目标定义的"可实现性"缺失。

上述三项"缺失"是在生活与工作中的目标管理方面容易出现的问题。

那么，我们如何解决这个问题，或者如何避免此类问题的反复出现呢？

除了加强对业务的理解，其实最简单的方式，就是当目标定义完成之后，由目标设定者与目标执行者双方做一次交流，看看双方理解得是否一致。这个方式的使用场景有两种，第一种是目标设定者自身的"心理审视"，也是自身对目标全面理解的过程；第二种是在与目标执行者交流的时候，让执行者看过目标之后阐述他的理解（经常使用"反问"的交流方式）。上述两种工作场景，既可以检验我们对目标定义的准确性，也是促成双方对目标达成一致的过程。这种简单的工作方式值得我们借鉴。

分析影响工作目标实现的内外部因素以及反应的解决方案

既然是工作目标，那么它一定离不开工作场景，以及在该场景下的内外部影响因素。通常情况下，外部影响因素一般是指类似于"行业政策、政治和经济形势、法律"等宏观因素；内部影响因素一定会有"利益关系人、目标执行团队和个人、所需知识和技能"等因素。下面我们来重点分析内部影响因素，对工作目标清晰化设定可能带来的影响，以及如何应对这些影响。

1. 利益关系人

所谓利益关系人，就是指该工作目标的实现过程以及最终交付结果，可能会影响到的人或者部门。他们的相应行为会对工作目标的有效推进起到关键作用。同时，他们对结果的渴望和审视的态度，也是需要我们密切关注的。通常情况下，我们将工作目标的利益关系人划分为两类，即工作目标的参与者和工作目标结果的接受者。针对这两类人，我们在管理的过程中需要注意的事项如下。

（1）工作目标的参与者。所谓工作目标的参与者，就是指如果要完成某个工作目标，企业内部必须有某个部门或者某类岗位的员工参与进来。他们参与的过程可能是主动的，也可能是被动的（现实工作中往往被动的较多）。

针对这类利益关系人，我们必须引起高度重视，因为他们的参与在某种程度上会对目标的实现起到关键作用，正所谓"专业的人做专业的事"。常规来讲，我们需要做下面几项关键工作：

- 主动出面沟通工作目标的价值和意义、企业的期望等重要信息。
- 详细介绍该目标实现的过程任务分解计划，明确阶段性交付结果。
- 详细交流该目标参与人员以及相关责任。
- 回答并解释相关疑问。

这是针对工作目标的参与者必须有的管理行为。当然，在企业中由于种种问题和工作经历，一定存在相互之间配合度的问题。也许被动的情绪会给实现工作目标带来挑战和压力，甚至阻碍。针对这种情况，我们采取的措施应该是，借助自身以及对方主管领导的影响力，让双方在工作上协调一致。

（2）工作目标结果的接受者。所谓工作目标结果的接受者，就是指该工作目标成果的接收人，也许是企业高层管理者，也许是企业的员工或者部门，他们对目标结果的期待以及对结果的认可标准是工作目标执行人必须关注的一个利益点。

1）企业高层管理者。如果是企业高层管理者给我们设定的工作目标，那么他们一定会给我们非常清楚的结果期待。即使不是非常清楚，也会告诉我们企业为什么要设立这样一个目标，该目标会给企业带来的价值是什么。更为重要的一点是，他们会帮助我们协调实现目标所需的相关资源，以及在实施过程中出现意想不到问题时的快速决策。因此，这个利益关系人既是决策者，也是参与者。

2）企业的员工或者部门。如果设定的目标是类似管理制度、活动项目或者问题改善类的工作目标，那么未来承接该目标结果的人对我们来讲也是非常重要的。当然，我们不排除某些工作会触及他们自身或者部门的"舒适区"（如制度的调整等），可是我们不能回避的是，他们是最了解该工作的实质性问题的，能够给我们提供目标可达成性的相关建议。但是，这里需要特别提醒的是，面对这类利益关系人，我们千万不要忘记作为工作目标责任人的底线，那就是"企业的利益高于一切"。

2．目标执行团队和个人

除了上述讲到的影响工作目标的利益关系人，还有一类更为重要的利益关系人，那就是目标执行团队的成员。那么针对这个团体和个人，我们需要关注的问题有哪些呢？

针对团队因素，我们要关注群体因素、榜样的作用、权威人物和奖励四个关键问题。

（1）群体因素。人是社会性的动物。我们每天都不可避免地与其他人或群体进行接触，并在相互接触的过程中发生互动。一个人的思想和行为影响着其他人，同时也受到其他人的思想和行为的影响。从管理的角度看，个体对目标的选择与承诺是会受到群体以及群体中其他人影响的。

一方面，群体影响着个体对目标的选择。当个体看到群体中的其他人都选择了较高的任务目标时，他也会倾向于为自己设置一个较高的目标。另外，从理论角度看群体中的"常模信息"也为个体的目标选择提供了参照。如果一个目标只有群体中的少数人可以达到，其他人几乎是不可能实现的，就说明该目标的难度很大。那么在实际工作中，多数个体将不会选择该水平的目标。例如在学校教学中，教师期望每个学生都以争取"全优"作为努力的目标，但事实上多数学生的学习目标并不是"全优"。

另一方面，在群体规范和群体压力的影响下，个体对目标承诺也往往反映出群体的态度。尤其是在指定目标的情况下，当群体中大多数人对某个指定的目标表示不赞同时，群体中的其他人也会降低对该目标的承诺；如果群体中大多数人对指定目标的态度是积极的，那么群体中的个体成员对该目标的承诺水平也会有所提高。

（2）榜样的作用。根据"班杜拉的社会学习理论"的观点，人类的社会行为是通过对榜样的观察与模仿获得的。已有的研究表明，在目标设定过程中，积极的榜样作用会引导个体设置较高的个人目标。

在目标设定的过程中，榜样的积极作用不仅在于为个体提供一个设置目标的模仿参照对象，而且在于它可以提高个体完成目标的"自我效能感"。当一个人看到与自己能力相近的人设定并完成了一个较高的目标时，他对自己完成同等目标的信心也会有所提高，进而影响其目标设定。因此，当一个人看到自己的同窗好友经商有所成时，也忍不住想"下海"一游；而当一个学生看到与自己能力相仿的同学制定了一个较高的学习目标，如每个月写一篇读书报告，并且顺利地完成了该目标时，也会倾向于为自己确立一个难度相近的学习目标。

（3）权威人物。所谓权威人物，通常是指在团队中"有威信、地位高、受人尊重"的人，如专家、技能状元等。他们直接影响着团队的目标设定和目标承诺水平。在任务情境中，权威人物指定的目标往往是个体设置个人目标的最直接参照。工作环境中尤其如此，通常一个部门中层管理者的要求就是部门内部员工的目标。不过应当注意的是，在个人目标已经确立的情况下，他人指定的目标容易被看成外部强加的控制，容易遭到拒绝。也就是说，只有当权威人物在个人建立自己的目标期望之前，指定某个具有挑战性的目标时，该目标才会被看作是值得完成的，才会对团队中的个体产生积极的作用。

不论从理论还是现实角度看，无论是权威人物直接指定的目标还是个人参与设置的目标，都可能产生较好的激励效果。关键在于目标的合理性以及权威人物本身的特点和工作方式。但是，我们要清楚的是，来自权威人物的单纯的说服性要求并不能提高其他人对目标的承诺水平。当权威人物被看成具有合法地位的、值得信赖的、知识渊博且讨人喜欢的人，并且对目标的设置有着合理的解释时，其他人对他所指定的目标承诺水平才会比较高。

（4）奖励。与大多数动机理论不同的是，目标设定理论比较强调外在奖励的作用。洛克等人认为，奖励对目标设定的作用比较复杂。对于那些特别困难，几乎无法完成的目标来说，提供奖励并不能提高个体对目标的承诺水平，有时反而会干扰个体的注意力，导致工作效率的下降。而对于那些容易的任务来说，外在的奖励和诱因可以增强个体达成目标的决心，但对任务成绩的提高并无明显的作用，这可能是因为目标过于容易，努力不努力结果都差不多。只有在完成中等难度的目标时，奖励的提供才能既增加目标承诺，又提高工作成绩。

针对个人因素，我们要关注的是个体能力与先前的成绩、自我效能感、目标的价值（意义）、归因方式和个人心境。

（1）个体能力与先前的成绩。个体对当前活动目标的设置受其实际能力和先前经验的影响。个体最有可能选择那些以前有过成功经验的目标，而不大可能去尝试那些远远超出个人实际能力或远远高于以往成绩水平的目标。例如，一个成绩很差的学生可能会要求自己在期末考试的时候全科通过，但不太可能把考试成绩全班第一作为自己的努力目标。同样，一个连体育达标都困难的人也不太会立志在校运会上破百米纪录。

（2）自我效能感。自我效能感是班杜拉（Bandura，1977）提出的一个动机概念，指的是个人对自己在执行实现特定领域目标时，所需行为能力的信念或信心。自我效能感的高低直接影响着个体的行为选择和活动积极性。

在目标设定理论中，自我效能感是一个影响目标形成的重要因素。自我效能感高的个体对自己完成任务的能力信心较强，因此他们倾向于为自己选择较高的目标，并且有较高的目标承诺。研究发现，即使是在控制了先前经验或能力水平的情况下，自我效能感仍对目标设定有着积极的影响。也就是说，自我效能感对目标设定的作用是独立于个人能力和先前经验的。当个人能力和先前经验相似时，自我效能感高的个体倾向于为自己设置较高水平的目标。因此，凡是影响自我效能感的因素，如能力水平、反馈信息等，也能间接影响目标的设置。

由此看来，自我效能感的培养是一个持续的过程，更是企业管理中的一个重要因素。而其管理手段通常有两种，一种是通过不断总结已经完成的工作目标，从中找到已经收获的能力，提升员工的自信心，也就是我们所说的复盘。中层管理者要时刻记住，对已经完成的工作的复盘和总结，一定是管理的重要手段之一。另一种是前瞻性地给员工提供能力提升的学习机会，为未来的目标做好前期储备。

（3）目标的价值（意义）。个体对目标重要性或价值的判断影响着个体的目标选择与承诺。根据目标设定理论的观点，自我效能感的高低反映了个体对自己完成某个活动的能力期望，而个体关于某个活动目标的价值判断就是所谓效价了。目标设定是期望和效价共同作用的结果，实现的可能性很小或没有价值的目标都无法激起个体的活动积极性。例如，对于一名高中生来说，尽管从一数到一百是绝对没问题的，但是他并不会以此作为努力的目标，因为该目标的效价太低，不值得做。

因此，在目标设定过程中，尤其是在他人指定目标的情况下，解释目标的意义和价值对提高个体的目标承诺有着非常重要的作用。不过，与传统的期望价值理论不同，在目标设定理论中，目标的效价是先于目标设定过程的，而在前者中，效价指的是对既定目标的价值评估。

（4）归因方式。目标设定理论认为，归因方式对个体设置目标的过程也有一定影响。一方面，归因方式可以通过影响自我效能感间接作用于目标设定。已有的研究表明，对成败的恰当归因有助于提升个体的自我效能感，而将失败归因于能力不足或将成功归于运气的做法则显然不利于自我效能感的提高。另一方面，归因方式对目标选择也有直接作用。根据归因理论，将成功或失败归因于稳定性因素会导致对未来相同结果的期望。因此，将失败归因于不稳定因素（如不够用功）的个体可能会在下次选择较高的目标，而对失败归因于稳定因素（如能力不足）的个体则倾向于降低未来目标的水平。

（5）个人心境。心境是影响个体活动效率的动力因素之一。当个体处于积极的情绪状态时，他的活动积极性会增强，对自己实现活动目标的信心也会提高。因此，洛克等人认为，积极的心境会引导出较高水平的目标设定，由此看出，积极的心态是多么重要。

上述"利益关系人、目标执行团队和个人"，都是我们在目标设定环节必须思考的重点内容。没有认真的环境评估，不管目标计划如何完美，忽略了这些因素，目标的实现一定会遇到挑战。

设计工作目标实现的关键路径

在清晰了目标设定的影响因素之后，接下来我们要看看工作目标本身管理的逻辑，因为任何一个事物的本身，一定会存在其必然的逻辑内涵。

所谓工作目标实现的关键路径，就是指实现该目标我们必须经历的关键里程碑。如何理解工作目标的关键里程碑呢？

图 2.5 和图 2.6 是南京非常知名的景区——中山陵。图 2.5 是站在中山陵的山脚下仰望中山陵，一眼望去看到的都是一个个小的台阶，给人一种"路漫漫"的感觉。但是，如果换个角度，图 2.6 是站在中山陵的山顶俯瞰下面的场景，看到的就是几个大的台阶。也就是说，如果登上山顶，只要迈过七八个大的台阶就可以"一览众山小"了。今天将此原理移植到工作目标管理的逻辑中，可以想象，这一个个小的台阶相当于要实现工作目标所要完成很多具体的工作任务，而从山顶俯瞰的那些大的台阶，就是工作目标实现的关键路径。

图 2.5　中山陵（1）

图 2.6　中山陵（2）

从 2011 年笔者开始研究目标管理那一刻，凡是见到这种建筑结构的时候，总是从下往上看一眼，然后登上最高处时往下看一眼，得到的结论是一致的。这不是一个巧合，也许正是这种原理，给我们工作目标的管理带来很多启示。任何一项工作在开始设计和规划时，首先要找到关键路径，它是我们对工作目标清晰化设定的关键任务。只有这样，我们才能统筹资源和时间，系统化地盘点实现工作目标的可能性。

既然找到关键路径是目标清晰化设定的关键任务，那么我们如何才能知道在日常工作中所有工作目标的关键路径呢？

"管理没有分类，管理没有开始。"不论是工作还是生活，面对复杂事物的时候，首先要建立分类的概念。如果你能将复杂事物进行分类，那么每个类别一定会有其共性的内涵，如形状、构成要素、性能等。只要抓住这个共性，就可以加以管理和应用。

通过总结企业中层管理者在日常工作管理过程中所面对的工作目标，将其分成年度计划类、问题改善类、制度建设类、项目类以及团队组建类五大类。这些类别的工作目标基本上可以涵盖日常管理的需求。下面笔者为大家提供这几类工作目标关键路径相对完整的设计思路。

1. 年度计划类工作目标

这是一个非常具有时效性的工作目标，中层管理者通常会在每年的年底和年初（中国企业的财年）花费大量的时间进行过去一年的工作总结，以及新的一年工作规划。有些规范的企业，还要在这个阶段组织企业内部进行年度工作答辩。因此，这类工作目标是中层管理者必须清楚的一个目标管理分类。那么，它的关键路径是什么呢？

常规来讲，有如下五个关键路径：

- 解读公司年度策略，找到工作重点。
- 分析环境因素，确定优先顺序。

- 设定部门的年度目标。

- 建立目标跟踪的管理办法。

- 团队内部沟通并达成一致。

为什么是这五个关键路径呢？我们来详细地解读一下。

第一，工作目标的设定必须与企业的战略以及年度经营策略保持一致，这一点我们已在本章前面花了大量篇幅来介绍，这里就不重复了，但这一定是我们设计年度工作计划方向的第一步。

第二，明确工作方向之后，我们要做的一定是针对部门分管业务的内外部因素分析。这里包括专业领域发生的变化所带来的挑战，同时要匹配自身资源的有效性和可利用性，对可观察到的工作目标进行优先顺序的排列，以及对可能存在的挑战进行对应解决方案的思考与设计。

中层管理者只有对上述两个环节进行自身的透彻思考之后，才能与主管领导进行有效沟通，才能进一步明确和清晰化本部门年度的总体工作目标。

第三，通过与主管领导交流之后，接下来就要对每个具体的工作目标进行详细的设计，其中包括目标的 SMART 原则、目标的内外部影响因素分析、关键路径的选择与设计、达成时间以及分阶段跟踪时间的规划等。

第四，完成了目标的规划，那么按照管理的要求，必须建立对目标跟踪的管理方法，如责任机制、奖惩机制等。

第五，在完成上述准备工作之后，接下来必须与员工见面。要与他们一起就每个工作目标的内涵、所需资源和技能、达成的时间以及奖惩机制等内容进行全面交流。这个过程是中层管理者与目标执行人达成一致的关键阶段。该阶段的最终交付成果应该是目标执行人对目标的承诺，即书面化签字。

2. 问题改善类工作目标

该类工作目标是中层管理者日常工作经常会面对的一类工作目标。例如，阶段性的 KPI 没有达成，出现了管理/质量事故等。这类工作目标的关键路径是：

- 现有问题分析。
- 制定改善措施及解决方案。
- 验证解决方案的正确性。
- 内部规范与推广。
- 总结评估。

第一，对出现问题的现状进行分析，一定是问题改善的首要任务。其分析的核心要点就是对出现问题的可能影响因素进行剖析，并对这些因素进行分类，从中确定未来改善的突破口，即找出问题产生的根本原因。

第二，针对改善的突破口（根本原因），制订改善措施及解决方案。这个环节可能由一个部门完成，也可能由多个部门协同完成，其中包括很多具体的任务。

第三，根据制订的解决方案，要在一个适当的范围内进行有效性验证，因为所有的改善措施在未来都能得到期望的结果，所以必须进行有效性验证，以此来确定未来改善措施的选择方向。

第四，在改善措施验证通过之后，必须在该问题出现的管理范畴内，针对管理规则进行全面培训与优化，以此强化改善措施能够有效落地。这里一定会涉及一些企业管理制度的完善。

第五，在改善措施实施之后，通过一段时间的观察和评估，进一步验证改善措施的有效性，以防止未来同类事故的再次发生。这个环节是非常重要的里程碑，但很多企业在这类工作目标执行过程中都缺失这个环节，所以未来出现同类问题的可能性就会加大。

在管理学中，问题改善类工作目标有很多经典理论，其管理逻辑和工作内涵基本上都是一致的。其中最经典的是福特提出的问题改善 8D，又称 8D 问题求解法，它的关键路径如下：

D1 建立改善小组。由产生问题的相关人员组成，通常是跨职能的。明确团队成员间的彼此分工方式或担任的责任与角色。

D2 问题描述。将问题尽可能量化并清楚地表达，并能解决中长期问题。

D3 确定及实施暂时性的对策。对于 D2，要立刻进行及时的、必要的行动，避免问题扩大或持续恶化（这是 8D 问题求解法的核心要点）。

D4 确定并验证根本原因。找到 D2 的根本原因，说明分析方法和使用工具。

D5 选择并验证长期纠正措施。拟订改善计划，列出可能解决方案，选定与执行长期对策，验证改善措施，清除 D4 发生的根本原因。可以应用甘特图，并详细描述实施方法。

D6 实施长期纠正措施及效果验证。执行 D5 后的结果与成效验证。

D7 预防再发生措施及标准化。确保 D4 不会再次发生的后续行动方案，如人员培训、改善案例分享、作业标准化、分享知识等。

D8 团队激励。若上述步骤完成后问题已改善，肯定改善小组的努力，并规划未来改善方向。

总之，不论采取哪种问题解决实施路径，其实针对问题解决类工作目标而言，逻辑是完全一样的。我们不必纠结使用哪种方法，只要把握住问题解决的关键路径即可。

3．制度建设类工作目标

我们在第一章就介绍过，管理的职责就是要在管理的业务范畴内建立管理的规范。制度建设一定是中层管理者必须面对的一类工作目标，那么它的关键路径就应该是：

- 现有制度评估。
- 明确制度规范的管理范畴。
- 组织内部达成一致。
- 制度/规范的试运行。
- 制度/规范的固化。

第一，我们要清楚"不论多大规模的企业、不论发展阶段如何"，企业不可能什么制度都没有。这些制度很可能分散在企业的不同部门，而且工作有交集的部门很可能在某项工作要求上存在重复设置制度的现象。一旦要建立新的制度或者完善原有制度，就必须对需要规范的问题以及相关的管理要求进行全面评估。只有这样，才能防止制度之间的相互碰撞，而这是我们最不愿意看到的结果。

第二，在评估现有制度相关性的基础上，就要对新制度的管理范畴进行有效定义。如果原有制度不能取消，那么新制度的管理范畴与原有制度之间的边界在哪里？这是需要我们做出明确的解释的。

第三，建立制度。我们通过对需要解决的管理问题，进行管理的标准、流程、工具与方法等关键制度要素的设计与描述，并形成标准的制度文件，在企业内部相关部门实施并获得领导审批。

第四，如果制度涉及的企业管理范畴很大，而且我们尚不确定制度的执行可能带来的结果，那么制度的建立就必须有一个关键路径，即制度的试运行。只有通过合理的运行以及对结果的评估，才能确定制度是否符合企业的管理实际，是否可以在更大范围内来推行。

第五，如果制度通过了试运行，就可以进入全面推广阶段，并以正式的方式在企业内部发布。

从企业管理的经验来看，在该类工作目标的执行过程中，最容易出现问题的是路径 1（现有制度评估）和路径 4（制度/规范的试运行），因此我们一定要高度重视。

4．项目类工作目标

这类工作目标是内涵较为广泛的一类工作目标。所谓项目，就是指一系列独特的、复杂的并相互关联的活动，这些活动有着一个明确的目标或目的，必须在特定的时间、预算、资源限定内，依据规范完成。如果从定义的角度看，我们上面提到的年度计划类、问题改善类、制度建设类都可以认为是项目类工作目标。结论就是这样的！

那么，我们如何定义项目类工作目标呢？通常，我们将企业管理中阶段性的、有着明确指向性的任务，定义为项目类工作目标。例如，接受一次上级主管部门的检查，验收一个项目，申请企业相关认证（如质量体系认证、产品认证等），组织一个大型活动等，这类工作目标在企业现实工作中是经常出现的。我们之所以将它们统一为一类，是因为它们虽然内涵有所不同，但是都具有相同的实施逻辑，这个实施逻辑就是所谓的关键路径：

- 确定项目目标。
- 组成项目团队及任务分工。
- 设计实施计划。
- 项目的具体任务实施与跟踪。
- 项目结果验证和总结。

在上述五个关键路径中，其中有两个需要我们特别注意。

一是，不论什么样的项目，确定项目目标是首要任务。这个问题在类似接受一次检查、验收一个项目、申请认证等工作目标中都不难理解。但是，如果举办一个活动，确定项目目标也是非常重要的环节。例如，如果举办一次企业的大型活动，首先要确定活动的主题是什么。即使举办一次企业年会，也要先确定一个主题，而这个主题必须与企业的管理目标相一致。

二是，在路径 3 和 4 这两个关键路径中，不同的项目类工作目标会有不同的实施计划，有的甚至是行业的标准流程，涉及的工具、方法也是明确的，因此，我们需要强调的是项目类工作目标，在具体实施计划的路径设计方面，要遵循该类项目的管理规则。

所以，这类工作目标既有通用性，又有专业性。这也验证了我们开篇说的那句话，目标管理是一个方法论，方法论的有效应用必须与业务相挂钩。

5. 团队组建类工作目标

在企业的成长过程中，我们经常会面对接受一个类似于"组建一个新团队或者实施一个新业务"的工作目标，还有可能是"接手一个新部门，成为该部门的新任领导"的工作目标。这两类工作目标，我们将其统称为团队组建类工作目标。

下面我们分别看看这两种情况下的关键路径。

（1）"组建一个新团队"的关键路径。

● 明确团队目标。

● 构建团队的工作职责。

● 团队人员组建。

● 相关技能培训。

● 阶段性跟踪与检核。

第一，围绕一个新团队的组建，我们必须清楚：企业管理者对该部门的期望是什么？该部门在企业中的价值定位是什么？这个价值需要这个新团队通过什么方式来实现？企业对该团队提出的近期和远期的工作期望是什么？这些问题对于组建新团队的管理者来说是非常重要的。

第二，要根据管理者的期望，清楚部门的管理边界，构建对应的管理职责，进一步明确我们需要建立的管理制度、流程、标准和方法，部门内部员工的分工等。

第三，针对职责的要求，明确团队成员的知识与技能要求，以及相关工作经验的要求。在此基础上进行人员的组建（包括招聘），尽快让人员到位。

第四，根据人员到位情况，以及他们已经具备的能力，针对部门设定的工作职责进行相关的业务培训，使其尽快掌握部门管理要求以及管理期待。根据培训情况，以及企业近期内的管理需求，针对每个岗位提出近期的工作目标，并提供相应的管理要求和管理指导。

第五，通过周例会、月例会等方式，实现对工作现状的把握，并在此基础上实现部门各个岗位能力的阶段性提升。

上述五个关键路径中，路径 4 和 5 是一个不断重复的过程。一般情况下，一个部门的工作磨合大约需要半年的时间，但是只要按照上述步骤实施，这个磨合的管理过程一定是可控的。

（2）"接手一个新部门"的关键路径。

- 明确团队目标。
- 评估部门的管理现状。
- 现有工作职责的梳理以及相关分工的优化。
- 确定短期工作目标。
- 提供相关培训提升管理技能。
- 阶段性评估部门在企业中的价值。

通常情况下，被派到一个新部门担任管理者，都是为了能够使这个部门的管理水平有一个新的提升，因此必须有规范的工作路径。

第一，要清晰企业管理者对该部门的评估结果，从中看到企业对该部门的期望以及其应有的价值所在，这一点除了企业管理者指出之外，还有一个关键渠道，那就是该部门的上下游业务，这一点请不要忽略。

第二，根据获得的信息，以及管理者提出的要求，我们要对标评估该部门目前存在的差距，清楚其产生的原因。只有这样，我们才能知道如何下手，从而启动改善的一切措施。

第三，明确问题之后，要从管理的职责、边界冲突、关键岗位的能力等管理要素进行全方位评估和诊断。这一环节与部门关键岗位的绩优员工对话是非常重要的，因为绩优员工能够将本职工作做好一定有他的道理。在同样的环境下能够做好，就能帮助我们发现做不好的理由。发现成功的经验是管理者的必备管理技能。

第四，根据现状评估结果，确定近期改善的重点和目标。在这个过程中，对于改善目标的"程度"设定是一个非常有学问的话题，因为过高的目标对于亟待改善的团队，往往是欲速则不达。既然要改善现状，那么必须给员工成功的信心，因此，改善的目标不能设得太高，而要在听取员工的意见之后，通过内部关系的改善以及流程的优化，设定短时间内可以见效的目标。

第五，针对员工改善过程中可能存在的问题，管理者必须提供相应的辅导，要让员工感到管理者不仅是布置任务的上级，更是能够帮助员工实现目标的有力支持者。在这个过程中，对管理者的"底线"要求，就是耐心。没有耐心的工作作风，会很快被日常的问题打倒。

第六，通过收集各方的反馈，尤其是关注产生变化的、好的反馈，要及时在团队内部进行传播和宣导，其目的就是提升团队成员的自信心——我们可以做得更好，并以此为牵动，通过周而复始的敦促和帮扶，实现部门管理效能的提升。

总之，通过上述五种常见工作目标的关键路径的设计和解读，我们可以看到日常工作目标是可以管理的，关键路径是可以找到的。只要能够清楚地构建关键路径的目标管理理念，在遇到同类工作目标时，就会非常清楚该如何"下手"。

第四节　时间期限

这里所讲的时间期限，既包含工作目标整体的完成时间，也包含每个关键路径的完成时间。针对每个关键路径的完成时间，我们要建立以下三个关键的时间概念：

- **启动时间**：关键路径从什么时间开始。
- **达成时间**：关键路径要在什么时间结束并完成所有要求。

● **回顾时间**：在关键路径诸多任务实现的过程中，我们需要在什么时间
对完成任务进行有效评估。特别是针对有些关键路径需要较长时间才
能完成，我们不能等到最后的关键点才去评估完成的情况，而要在这
个过程中设立回顾的时间点。一般情况下，通常按照时间的长短来设
定回顾的时间点，如一个月的周期要做到每周回顾，一周的周期最少
要做到三天回顾，每天的周期最少要做到半天回顾。只有这样，才能
保证工作目标的可达成性。

为了帮助大家将本章重点内容进行有效转化，笔者给大家设计了工具表，
即目标计划工作单（见表 2.1）。

表 2.1　目标计划工作单

部门名称	目标责任人	目标参与人	主要利益关系人

定义结果	目标描述（具体的、可衡量的、可实现的、相关的、有时限的）：
	目标价值分析
	此目标与企业经营策略之间的关系：
	此目标对你团队中长期发展的影响：
	此目标对主要利益关系人的好处：
	此目标对你的好处：

	来自内部的影响因素	可能的解决方案
现状分析		
	来自外部的影响因素	可能的解决方案

续表

	完成此目标的明确行动步骤	目标日期	回顾日期	达成日期
关键路径设计				

此目标需要与谁沟通：

跟踪进展的方法和跟踪人：

为了大家能够更加有效地使用好本工具，笔者通过下面的案例来给大家详细介绍工具表的使用方法。

案例背景

某企业为了实现企业业务转型的发展目标，决定在企业内部组建新业务拓展部，其目的就是在新业务成型的前期，集中精力和有效资源，聚焦于研究企业转型的有效方式，并为未来新业务雏形的构建做好前期准备。

现在公司已经确定某经理负责该部门的组建。我们使用表 2.2 对该部门的组建工作做一次澄澈思考。

表 2.2　目标计划工作单示例

部门名称	目标责任人	目标参与人	主要利益关系人
新业务拓展部	某经理	主管领导、相关职能部门	企业高层管理者

定义结果	**目标描述（具体的、可衡量的、可实现的、相关的、有时限的）：** ××××年××月××日，完成新业务拓展部的组建，实现基础人员配置到岗，同时顺利完成公司确定的新业务商业模式的探索，并得到公司管理层的认可 **目标价值分析** 此目标与企业经营策略之间的关系： 新业务的构建是企业长期发展的关键任务，由于企业正处于行业发展的变革期，如果我们不能实现新业务的有效探索，并提供一个具有可操作性的商业模式，那么公司期望用两年时间完成新的业绩增长点的目标就不可能实现 此目标对你团队中长期发展的影响： 新业务拓展部往往都是集聚人才的地方。该业务的顺利完成，不论从未来团队成员的个人角度，还是从部门负责人角度，都是一个值得为之努力的目标。因为只有愿意参与本业务的员工，才会对企业新业务拓展抱有信心。因此，不论成功与否，这个团队一定会为企业新业务的长期发展探索出宝贵的经验，同时对于个人而言更是一个难得的成长机遇 此目标对主要利益关系人的好处： 不言而喻，企业高层管理者需要我们用实际行动和结果，验证企业战略决策的正确性和有效性 此目标对你的好处： 公司能够选择我来组建这个部门，说明公司不但对我过去的工作能力有了认可，更主要的是对我的信任，这对于我个人在企业的成长是一次难得的机遇

续表

来自内部的影响因素	可能的解决方案
因素1：由于是新组建的部门，绩效管理的标准尚未确定，团队成员的绩效考核方式如何确定？	**解决方案1：**从部门内部角度看，我们应该按照项目的方式来进行绩效考核，最终的目标是保证公司确定的新业务拓展计划能够有效达成。
因素2：由于新业务拓展的时间紧迫，完全依赖招聘外部人员，不论从对公司文化的认同度，还是从对公司现有业务的理解等方面看，都难以保障项目的顺利实施	**解决方案2：**针对这个问题，最好的方式是内外部人才相结合的配置方式。外部人才的核心价值是弥补新业务拓展能力的盲区；内部人才的关键价值是解决内部资源合理配置的协调性，尤其是横向部门之间的配合上会有很大价值。因此，我要与上层领导就内部人员的选调达成一致意见，并准备好人选
来自外部的影响因素	可能的解决方案
因素1：由于是新组建的部门，公司内部相关职能和业务部门对我们了解不多，合作的范畴以及相互工作的衔接方面，会出现配合偏差。	**解决方案1：**尽快制定部门的职责，以及短期工作计划，通过任务分解的方式，明确合作部门的相关任务，并通过企业高层管理者的协助，完成部门之间合作任务的确定。
因素2：新业务拓展的行业领域变化得非常快，我们对信息的准确性以及可能存在的风险性会有估计不足的现象，这对新业务的拓展会带来很大挑战，因为其直接影响着我们目标的达成	**解决方案2：**在充分发挥现有渠道资源价值，获取准确信息的同时，尽快寻找权威机构、相关论坛、培训机构等有价值的外部资源，并在前期充分准备的前提下，派人参加相关活动，以此最大限度地获得准确的行业信息

现状分析

	完成此目标的明确行动步骤	目标日期	回顾日期	达成日期
关键路径设计	1. 明确团队组建的目标			
	2. 构建团队的工作职责			
	3. 团队人员组建			
	4. 相关技能培训			
	5. 布置近期工作目标			
	6. 阶段性跟踪与检核			
	7. 汇报新业务拓展实施的阶段性成果			

此目标需要与谁沟通：

该目标的实现需要在组织内部沟通的部门及人员如下：

1. 主管领导及高层管理者：明确新部门组建的阶段性目标以及相关要求。

2. 人力资源部：明确人员配置标准、招聘渠道、培训资源以及绩效目标设定的标准。

3. 财务部门：确定新业务拓展的阶段性预算，以及费用使用的原则等。

4. 与新业务直接相关的业务部门：就需要合作的事宜双方达成一致

跟踪进展的方法和跟踪人：

1. 新业务拓展的整体计划是部门整体跟踪的依据，也是我与管理者达成评价标准的依据，内部成员的任务分工也依据此计划，但是要具体明确每个人所分管的任务。

2. 主管领导通过月度例会来实现跟踪，部门内部通过双周例会的方式来跟踪。由于部门人员并不是很多，因此内部和外部的主要跟踪人都应该是我本人，只有这样才能实现实施计划的一致性

通过上述案例的全面描述，我们可以看到以下关键点：

- 这是一个管理者在目标实施之前，自身所做的一次透彻思考的过程，这一过程是非常重要的。

- 只有在这样的思考基础之上，才能实现与上级、相关部门以及部门内部员工达成对新业务认知的一致性。

● 要实现实施计划的详细设计，首先必须完成的是结构设计。

上述三点就是目标计划工作单给我们带来的价值。很多管理者对工作目标管理不到位的首要原因，就是没有对目标进行有效思考，很多想法都是碎片化的，缺乏系统的结构。

本章小结

设定清晰的工作目标，必须完成四个关键任务：

1．清晰企业战略制定的管理过程以及相关输出结果。

2．明确企业战略和经营策略的制定原则和方式。

3．清晰从经营策略到本部门具体工作目标推导的过程和思维方式。

4．针对设定的工作目标进行清晰化设计的方法。

上述四个任务是我们实现对工作目标清晰化设计的关键任务。只有这样，我们才能评估自身设定的工作目标是否与企业的高层保持一致，是否能够通过对现有资源和目标利益关系人的需求分析，设计出目标实现的关键路径并对达成预期结果加以定义。

清晰

分解

标准

跟踪

第三章
目标分解的有效方法

第一节 目标分解的重要性

谈到目标分解的重要性及其意义，我们先从一个故事开始，看看它能给我们带来什么样的启示。

故事的主人公是舒乐博士，他是美国著名基督教领袖、慈善布道家和社会家。他所创办的美国洛杉矶水晶大教堂始建于 1980 年，历时 12 年完成，可容纳近万名信徒进行礼拜活动，是世界上规模最大的基督教堂之一。

1968 年的春天，罗伯特·舒乐博士决心在美国加利福尼亚州建造一座水晶大教堂。他向著名的设计师菲力普·约翰逊说出了自己的梦想："我要建造的不是一座普通的大教堂，而是一座人间的伊甸园。"

菲力普·约翰逊问他："你有多少预算？"

罗伯特·舒乐博士坦率而明确地回答："我现在一分钱也没有，对我来说，是 100 万美元还是 1 000 万美元的预算没有本质上的区别。重要的是，这座水晶大教堂本身一定要具有足够的魅力来吸引捐款。"

后来，水晶大教堂的预算初步定为 700 万美元。这 700 万美元对于当时的罗伯特·舒乐博士来说，不仅是一个超出他能力范围的数字，而且是一个超出了众人理解范围的数字。

当天夜里，罗伯特·舒乐博士拿出一页白纸，在最上面写下"700 万美元"，接着又写下 10 行字：

1. 寻找 1 笔 700 万美元的捐款；

2. 寻找 7 笔 100 万美元的捐款；

3. 寻找 14 笔 50 万美元的捐款；

4. 寻找 28 笔 25 万美元的捐款；

5. 寻找 70 笔 10 万美元的捐款；

6. 寻找 100 笔 7 万美元的捐款；

7. 寻找 140 笔 5 万美元的捐款；

8. 寻找 280 笔 2.5 万美元的捐款；

9. 寻找 700 笔 1 万美元的捐款；

10. 卖掉 1 万扇窗户，每扇 700 美元。

对 700 万美元进行分解之后，舒乐博士对这个数字有了清晰的概念，而且有了信心。从此，罗伯特·舒乐博士开始了漫长的募捐生涯。

到了第 60 天，富商约翰·可林被水晶大教堂奇特而美妙的模型所打动，罗伯特·舒乐博士得到了 100 万美元的第一笔捐款。

到了第 65 天，一对听了罗伯特·舒乐博士演讲的农民夫妇，捐出了 1 000 美元。

到了第 90 天，一位被罗伯特·舒乐博士孜孜以求精神所感动的陌生人，开出了一张 100 万美元的银行支票。

到了第 8 个月，一名捐款者对罗伯特·舒乐博士说："如果你的努力能筹到 600 万美元，那剩下的 100 万美元就由我来支付。"

到了第二年，罗伯特·舒乐博士以每扇窗户 500 美元的价格请求美国人认购水晶大教堂的窗户，付款的方法为每月 50 美元，10个月分期付清。实际情况比预想的要好得多，还不足 6 个月，一万多扇窗户就全部认购完毕。

最终，建造水晶大教堂共用掉了 2 000 万美元，比最初预算多得多，全部是罗伯特·舒乐博士一点一滴筹集来的。

1980 年 9 月，历时 12 年可容纳一万人的水晶大教堂全部竣工，成为世界建筑史上的一个奇迹，也成为世界各地前往加利福尼亚州的人必去瞻仰的胜景——名副其实的人间伊甸园。

大教堂有 10 000 多盏柔和的银色玻璃窗，他们被安装在像蕾丝一样的钢体框架上。此外，还有两座 90 英尺[①]高的电动大门在讲坛后打开，以使晨光与和暖的微风来烘托朝拜圣礼。

看着这举世无双的人间伊甸园，我又想起了罗伯特的那句话："不是每个人都应该像我这样去建造一座水晶大教堂，但是每个人都应该拥有自己的梦想，设计自己的梦想，追求自己的梦想，实现自己的梦想。梦想是生命的灵魂，是心灵的灯塔，是引导人走向成功的信仰。有了崇高的梦想，只要矢志不渝地追求，梦想就会成为现实，奋斗就会变成壮举，生命就会创造奇迹。"

我们从这个案例中看到，一个不可能实现的数字通过分解之后让人看到

---

① 90 英尺约等于 27 米。

了努力的方向，并在实现的过程中适时调整实施的方案。这些结果的产生会让我们看到：

- 目标只有在分解之后才能变得更加清晰。
- 目标只有分解之后才能让大家看到可操作性。
- 目标只有在分解之后才能让管理者更加有效地跟踪。

这就是目标分解的价值所在。

第二节　目标分解的基本原则

我们在设定清晰的工作目标的时候曾经提到，在目标设定的过程中，首先设计出目标实现的关键路径，也就是实现目标所必须经历的关键里程碑，就像我们站在山顶俯瞰到的是几个大的台阶而不是具体的工作任务，这是我们在目标规划阶段必须完成的任务。

但是，如果想实现目标的最终结果，我们仍然要按照关键路径来设计并规划必须完成的具体工作任务，这就是我们所说的目标分解。

目标分解不是目的，而是为了更好地保证整体目标实现的手段。如同一部机器（整体），只有把组成它的零部件分解开来，才能分析、研究各零部件的相互关系及其结构，才能把机器设计和创造出来，机器才具有人类所需要的特定功能。同样，只有通过对整体目标实施步骤的有效拆解，才有可能准确地评估目标实现的资源性和时间性。因此，目标分解对于工作目标管理来说极为重要。

清晰目标分解的重要性之后，接下来要思考目标分解需要遵循的原则。理论界就目标分解给出了很多解释，有的按照时间维度分解，有的甚至提到空间维度分解。但是，这些理念在现实工作中却很难得以应用。其实没有那么复杂，只要清晰三个基本原则，就可以做到对目标的有效分解。

目标分解既要遵循管理逻辑，又要遵循企业管理的成功经验

即使同类型的工作目标，在不同企业也一定存在不同的实现方式，这一点都不奇怪。但是，我们需要注意的是，任何管理工作都有其基本的管理逻辑，即使在不同的企业、不同的环境下，每类目标的实现一定有我们可遵循的管理方式。这些方式如果想在每个企业得到很好的应用，就不能忽略一个关键问题——企业文化。我们要时常审视在不同的企业文化下，给常规管理逻辑的应用所带来的挑战，以及对应的解决方案，这一点被我们称为企业管理的成功经验。例如，同样是产品研发项目，即使在同类型的企业中，由于组织结构设置的差异化，以及对研发工作的不同理解，都会存在不同的职能设置和任务分配。这些差异化的表现，我们可以从该企业的管理制度以及相关流程中一览无余。这些制度的存在，就是企业管理的成功经验，我们绝不能忽视它的存在。

目标要分解到任务层面

任务是目标分解的最小颗粒度。所谓任务，就是指在短时间内可以完成，可以定义明确的开始和结束的时间，有明确的输出结果的工作。它是工作基本单位的专业术语。

也就是说，我们针对目标设定的关键路径，要通过有效的分解，设计出每个关键路径下有多少个必须完成的工作任务，这就是目标分解的最终目标。

任务可以并行，也可以串行

所谓并行，就是指分解出来的任务之间没有必然的先后联系，可以同时进行；所谓串行，就是指任务之间存在必然的先后联系，如果上一个任务不

能完成，下一个任务就不能开始。在目标分解的过程中上述两种情况都会存在。

但是，需要我们注意的是，并行任务的挑战是资源，如果没有足够的人力资源或者物资资源，那么并行的任务只能按照串行的方式执行；而串行任务的挑战是时间。如果并行和串行都没有得到有效的保障（资源和时间），那么我们可以想象即使按照分解出来的任务去执行，每个任务执行的完整度以及有效性都有待评估。

目标分解的过程一定离不开我们对手中资源（包含时间，因为时间是一种非常特别的资源）的盘点，在某种程度上它对评估目标分解的可操作性将起到非常重要的作用。

上述三个目标分解的原则是我们在进行目标分解的过程中时刻要牢记的。因为目标分解不仅是为了分解目标，更重要的是，我们要通过分解让目标的可达成性不断清晰化。任务的数量与资源匹配的均衡性是保障目标实现的重要基础。因此，可以说目标分解的过程，实际上就是一个任务拆解和资源匹配的过程。

第三节 目标分解方法的有效应用

清晰了目标分解的重要性和原则之后，接下来最为关键的就是如何将这些原则在现实工作中加以应用，如何让这些原则在现实工作中创造更大的价值。

下面，我们就按照年度计划类、问题改善类、制度建设类、团队组建类四类工作目标（项目类由于比较特殊，在这里不做详细的任务拆解），逐一分解每类工作目标的关键路径会包含的常规任务。

年度计划类工作目标的任务分解

该类工作目标有五个关键路径：解读公司年度策略，找到工作重点；分析环境因素，确定优先顺序；设定部门的年度目标；建立目标跟踪的管理办法；团队内部沟通并达成一致。下面我们来详细分解各个关键路径下应该有的工作任务。

1. 解读公司年度策略，找到工作重点

- 收集企业年度经营策略。
- 解读并找出企业年度经营工作重点。
- 明确自身业务的关键任务及目标。

【任务解读】

任务一，收集企业年度经营策略。

之所以将收集企业年度经营策略作为首要任务，是因为企业年度经营策略的展示方式有很多种，并不是完全统一的。规范化的企业通常会在年度预算开始之前，下发正式的年度经营策略文件，以此来指导企业整体年度预算的具体工作。还有很多企业并不是以文件的方式传达企业年度经营策略的，而是在年度表彰大会或者年度干部大会上，以最高管理者讲话的方式展示企业未来一年的经营策略的。因此，作为中层管理者首先要清楚，企业的年度经营策略在哪里，如何获得，哪个文件是最终的经营策略。

该任务的输出结果：得到正确的企业年度经营策略文件。

任务二，解读并找出企业年度经营工作重点。

在获得年度经营策略文件之后，我们就要遵循从战略到策略、从策略到关键业务领域、从关键业务领域到关键工作目标的基本流程，对文件进行认

真解读。

在这里，我们可以假想两个工作场景：一是在年度大会上最高管理者宣讲的过程；二是在获取正式下发的文件之后，自我学习的过程。这两个工作场景对于我们理解企业年度经营策略都是非常重要的环节，尤其是在第一个工作场景下，我们可以通过最高管理者讲解的过程，针对重点工作的分析和解释，看到最高管理者的关注点以及需要努力的方向。在这个基础上再做自我深入解读，才能实现我们对企业年度经营策略的全面理解。

　　　　该任务的输出结果：列出企业年度经营管理工作的重点。

任务三，明确自身业务的关键任务及目标。

在深入解读的基础上，我们要实现将经营策略与分管业务之间的有效连接。所谓连接，就是指能够从企业年度经营策略文件中，清晰地看到并写出本部门年度需要达成的具体工作目标。这是清晰化目标的前提，它不仅是中层管理者自身的工作，还是中层管理者带领部门骨干员工共同完成的工作。只有这样，未来部门年度计划才能实现上下一致的工作思路。

　　　　该任务的输出结果：中层管理者对本部门提出的管理重点和具
体工作目标。

上述三个任务就是"解读公司年度策略，找到工作重点"这一关键路径中所要完成的最基本的工作任务，也是全面实现清晰化设定部门年度工作目标的前提。

2．分析环境因素，确定优先顺序

- 根据业务特点收集行业权威数据。
- 对应公司以及部门的业务做深入分析。
- 形成对应策略目标的分析报告。

【任务解读】

任务一，根据业务特点收集行业权威数据。

首先，我们要清楚为什么要做这个任务。作为中层管理者，要想承担起本部门的管理责任，必须清楚所分管业务在行业内的发展趋势。因为企业的核心竞争力，其实就是企业内部各个管理要素在行业中竞争优势的集合。如果不清楚行业的发展趋势，就无法对标行业设定自身的改善点，更无法知道企业高层管理者设定这样的管理方向和目标的真正用意。完成该任务的价值，是使我们能够获取可以对标的数据。因为即使同一行业的企业，由于商业模式的不同，对业务的管理特点也是不同的。这就要求我们将获取的行业数据，一定是与企业的商业模式具有相关性的数据。只有这样，我们的分析才会有价值。

该任务的输出结果：收集到可以对标的行业数据。

任务二，对应公司以及部门的业务做深入分析。

在获取有效数据的基础上，对应公司以及分管部门的业务做深入分析，就是我们必须完成的第二个关键任务。所谓分析，就是指根据行业的发展趋势，如技术、政策等，对应企业自身以及分管业务的管理水平，做出完整的SWOT分析。通过剥离干扰因素，明确关键驱动要素，深度认知本部门面临的挑战。更为重要的是，如果能够将这些挑战对应到管理者提出的改善方向上，就可以清晰地看到我们与行业水平之间的差距。在完成这个任务的过程中，作为中层管理者，一定要充分发挥本部门骨干员工的价值，带领他们积极地参与其中，并通过团队的上下互动，共同达成对业务现状的有效评估。例如，人力资源部通过对行业数据的分析，看到本行业年度平均主动流失率为20%，对标本企业的当年主动流失率是24%，通过对标行业数据，我们看到了差距。同时，高层管理者提出要提升企业员工的稳定性问题，我们就要思考公司员工流失率较高的原因是什么，我们与行业中其他企业的差距是什么，改善方向是什么。（也许是渠道的有效性，也许是面试过程的质量把控，还可能是试用期的同化过程等。）

　　该任务的输出结果：对标分析之后的改善方向。

任务三，形成对应策略目标的分析报告。

通过详细的对标分析之后，我们需要完成的是针对分析的目标方向，在组织内部做深入分析。其主要内涵是，通过对标方向盘点我们需要改善的现状，产生的原因，经历的环节，改善的突破口等，并将分析结果形成分析报告，要求是尽可能数据化。

这类问题通常在部门的年度总结中存在，对这类问题分析的价值实际上是完成了从现状到目标的策略分析，也是未来不论是从中层管理者还是从企业高层管理者角度充实和匹配资源的重要依据。这个过程不只是中层管理者对业务的盘点，更是团队对部门业务的有效评估。在现实工作中，这个过程经常被大家忽略，但是，从笔者以往的实践看，其意义却是非常重大的。不论是在未来部门方向性的统一上，还是部门成员理解企业高层管理者对本部门提出的期望上，都是达成一致性的关键环节。

　　该任务的输出结果：部门认为在新的一年需要改善的目标以及主要策略。

3. 设定部门的年度目标

- 汇报对企业年度经营策略的解读及行业分析结果。
- 形成目标的优先顺序。
- 设定本部门及各个岗位的目标标准和关键任务。

【任务解读】

任务一，汇报对企业年度经营策略的解读及行业分析结果。

通过自身对企业年度经营策略的解读，以及团队成员通过行业数据的对标所看到的差距和努力方向之后，我们需要完成一个非常重要的工作，那就是与本部门分管的上级领导，做一次详细交流，这是保证与企业高层管理者保持一致的重要环节。由于我们参与企业经营策略研讨的机会不是很多，并不十分清楚企业年度经营策略产生的背景以及企业高层管理者的期望，所以这次沟通就是帮助我们解除这些隐患的机会。除了详细阐述对企业年度经营策略的理解，更重要的是，听取分管的上级领导如何看待本部门新的一年改进提升的方向，并以此为基础达成双方的共识，最终确定本部门的年度工作目标。

　　该任务输出的结果：与分管的上级领导达成一致的年度改善方向以及标准。

任务二，形成目标的优先顺序。

在清晰部门年度改善方向和标准之后，一定要与分管的上级领导就年度目标的优先顺序达成一致。因为任何组织都不可能给你充足的资源去做有限的事情，一定是利用现有的以及可以提供的资源去做更多的事情。那么在这个环节，就要对我们认为的年度工作优先顺序与高层管理者认为的优先顺序形成统一的认识。我们需要从哪里开始？必须保证的目标是什么？这两点如果能够确定，那么对我们在部门内部进行目标责任分配是有很大价值的，因为我们会非常清晰现有资源投入的方向。所以作为中层管理者，我们要学会一个基本话术，那就是在与上级领导沟通交流年度目标（甚至日常工作目标）时，最后都要问一句："这些目标的优先顺序是什么？"如果领导没有给出明确答案，那么你要说出你对优先顺序的理解，以此达成双方的共识。

　　　　该任务的输出结果：与高层管理者达成共识的目标优先顺序。

任务三，设定本部门及各个岗位的目标标准和关键任务。

　　当我们与分管的上级领导就全年的工作目标达成共识后，我们的核心任务就是要将这些工作目标有效地分配到对应的管理岗位上。在这个过程中，我们作为部门负责人，首先要对每个工作目标给出清晰的标准定义；其次要对实现该工作目标所必须完成的关键任务进行初步规划。只有这样，我们才能对部门年度工作目标的可达成性做到胸中有数。

　　　　该任务的输出结果：工作目标的具体标准以及实现目标所要完成的关键任务。

4．建立目标跟踪的管理办法

- 设计部门年度目标的考核标准。
- 盘点以往团队目标管理办法存在的问题。
- 设计改善方案（跟踪方法、激励政策）。

【任务解读】

任务一，设计部门年度目标的考核标准。

　　所谓工作目标的考核标准，就是指我们在与高层管理者确定部门年度目标之后，进行具体标准的量化过程。这就需要中层管理者首先确定自身要完成的任务，这一任务的结果将成为未来与团队内部成员沟通确定的前提条件。同时，在设定考核标准的过程中，也一定会对目标实现的资源需求以及能力要求，有一个相对清晰的思考，以便未来在做工作目标责任确定时有充足的准备。

　　　　该任务的输出结果：对部门确定的年度目标进行标准定义。

任务二，盘点以往团队目标管理办法存在的问题。

对部门以往工作目标管理办法的总结和评估，是中层管理者每年都要完成的一项具体任务，其原因是部门每年的管理重点都会有所不同，管理改善的目标也会有不同的内涵。这些都会对工作目标的管理方式产生影响，如时间性和资源性等。所以通过年度目标的设定方向，对照以往的内部工作目标跟踪的管理办法，可以发现需要在新的年度做出调整的方向以及具体措施，其核心是为了保证管理手段能够起到激励员工达成目标，并促进员工成长的目的。

该任务的输出结果：发现以往工作目标跟踪管理办法在新的一年中存在的问题。

任务三，设计改善方案（跟踪方法、激励政策）。

通过上述两个任务的实施，我们可以清晰地看到当年部门工作目标所涉及的能力要求和目标本身的特点，以及本部门以往年度工作目标跟踪管理的方法与现实需求之间的管理差距。在此基础上，我们可以重新设计和规划本部门工作目标的管理方法。例如，该项工作与员工的年度绩效如何挂钩，该目标在部门内部如何进行有效分工，使用什么方法进行跟踪管理等。这些管理手段的进一步确定，实际上完成了我们对本部门年度目标管理规则的建立。笔者提醒大家，不论是对工作目标的管理还是对其他目标的管理，在开始之前必须明确管理的规则，否则在实施的过程中以及结果评价等关键管理环节一定会出现不必要的博弈。

该任务的输出结果：修正后的部门工作目标跟踪管理办法。

5. 团队内部沟通并达成一致

● 准备与团队成员面谈资料。

- 设定面谈时间。
- 实施面谈。
- 书面化确认。
- 团队内部宣贯。

【任务解读】

通常情况下，这个过程可以与部门员工的年度绩效面谈工作合二为一，即可以将对员工上一年度的工作表现评估以及新的一年工作目标的设定与员工做一次深入交流。

任务一，准备与团队成员面谈资料。

与员工做年度目标的面谈，我们必须准备的资料有很多，但是通常会包含该员工的岗位说明书（工作的依据）、上一年度整体工作的绩效评价结果、部门对该岗位提出的绩效改进项、员工本人的能力特长和优劣势、新的一年部门确定该岗位的年度工作目标和具体要求等。在准备这些资料的过程中，其实也是中层管理者对该员工做全面评估的过程。在实际工作中，很多中层管理者经常会说，他们对自身管理的团队成员非常了解，但是，即使自认为很了解，也要通过数据化、行为化的方式进行总结。

　　该任务的输出结果：员工的绩效综合评价及所要承担的工作目标。

任务二，设定面谈时间。

将面谈时间的确定也当作一个任务来设置，其实是要告诫中层管理者，面谈时间的选择对面谈结果会起到关键作用。一般情况下，不要选择上班开始的时间和即将下班的时间，因为前者员工可能有很多被服务对象打扰的事情；后者可能存在确定了时间，但是由于中层管理者的原因带来的时间变化，这样对员工来讲是不礼貌的。通常情况下，应该将时间确定在上午 10 点到

12 点，或者下午 2 点到 4 点，而且要与员工提前确定时间的可行性，最好提供可以选择的时间段，以便员工合理安排自身的工作。

该任务的输出结果：合理的面谈时间表。

任务三，实施面谈。

该任务是部门年度目标与员工达成一致的关键环节。整体面谈的步骤要遵循三个关键点：一是坦诚交流，而不是中层管理者的一言堂，要形成有效的互动；二是对双方不清楚的问题进行有效确认，不要自认为清楚了；三是如果存在对问题理解的分歧，一定要找到双方接受的解决方案，并达成一致，因为沟通的最高境界是达成一致。

在清楚上述三点之后，首先，中层管理者可以从员工过去一年的表现开始，通过员工自述和管理者的点评及总结，形成对员工现有能力以及优劣势的评估；其次，管理者要将本年度部门确定的工作目标与员工做深入交流。管理者要将自己对目标的理解和期望清晰地告知员工，同时要检查员工的理解。在此基础上，请员工谈谈自身对该目标的理解以及所需资源的设想。通过双方不断的深入交流，最终形成对目标的一致性意见，这个意见也许会改变中层管理者最初对目标标准、时限等关键点的设定。但是，只要双方确认，那将成为部门内部的管理标准。这个环节结束之后，中层管理者要将跟该岗位有关的工作目标的相关资料交给该员工，以便其回去后更加深入地思考为了实现目标所要准备的有关事宜。

该任务的输出结果：与员工达成一致的工作目标。

任务四，书面化确认。

就工作目标与员工达成一致最好的方式是书面化。书面化承诺是实现目标的基础之一，这个环节可以采用的方式很多。例如，人力资源管理中最经典的工具之一——PBC 双赢目标协议。但是，不论使用哪种方式，都要完成对以下内容的澄清，即目标内涵、意义、标准、承诺人，以及为了实现目标员工需要的帮助和支持等关键信息。作为中层管理者，在与员工沟通确认目标之后，就要协同人力资源部着手准备上述资料，并按照目标责任人的分工，进行书面化承诺的工作。该个任务可以单独实施，也可以在部门的年度总结会议上实施。但是，不论在什么场合实施，都必须有这个环节，否则目标承诺就是一句空话。

　　　　该任务的输出结果：中层管理者与员工签订工作目标承诺协议。

任务五，团队内部宣贯。

该环节是在部门年度经营预算确定之后，中层管理者要将前期准备的所有资料，如上一年度的工作总结、下一年度的工作目标以及具体的实施措施、部门目标的责任分工等，在部门层面做一次正式的交流和宣导。在此过程中，还可以进行与员工的目标承诺书面化签字仪式，以此来增强对目标承诺的仪式感。

　　　　该任务的输出结果：部门年度整体工作实施计划。

综上所述，如果要完成一个年度计划类工作目标，通过上面对任务分解的详细解读，可以看到这是一个需要耐心细致的管理过程，整个过程涉及的具体任务比较多，涉及的工作对象以及内涵也非常广。但是，通过对该目标实现路径的有效分解，有一个可以遵循的工作思路。不论是从任务层面、参与者层面还是需要达成的具体成果，都有可以参照的结果。

表 3.1 提供了年度计划类工作目标任务分解案例。

表 3.1　年度计划类工作目标任务分解案例

目标名称：部门年度计划制订

SMART目标：2018年12月31日之前，完成本部门下一年度的整体工作规划并得到上级领导审批，同时在团队内部完成宣贯。

责任人：×× 经理　　　日期：2018/1/20

目标分解		主要任务	提交成果	任务时间规划	优先级
解读公司年度战略，找到工作重点	1	收集企业年度经营策略	得到正确的企业年度经营策略	★	A
	2	梳理并找出企业年度经营工作重点	列出企业年度经营管理工作的重点	★	A
分析设定部门年度目标策略	3	明确自身业务的大关键任务及目标	中层管理者对本部门提出的管理重点和具体工作目标	★	A B B
	4	根据业务特点收集行业权威数据	收集到可以对标的行业数据	★	A B B
	5	对应公司以及部门的业务梳理及人分析	对标分析之后的业务分析	★	A B B
	6	形成对应策略的分析报告	部门认为在新的一年需要改善的目标以及主要策略	★	A B B
	7	汇报对企业年度经营策略的解读及分析结果	与年度的上级领导达成一致的年度改善方向以及标准	★	A B E
确定年度目标优先顺序	8	形成目标的优先级	与高层管理者对达成共识的目标优先顺序及标准	★	A B 3
	9	设定本部门各个岗位的目标和关键任务	工作目标的具体标准以及完成项目标所要完成的关键任务	★	A B B
建立目标跟踪的管理办法	10	设计部门年度目标的考核标准	对部门确定的年度目标进行标准制定	★	A B B
	11	盘点以往团队目标管理的经验及存在的问题	发现以往工作目标管理的短存在的问题	★	A B B
	12	设计改善方案（奖惩方法、激励政策）	修正后的部门工作目标跟踪管理办法	★	A B B
跟踪的年度管理目标，确定办法	13	设定面谈时间	员工绩效余评价及所要承担的工作目标	★	A B B
	14	设定面谈	合理的面谈时间	★	A B B
	15	实施面谈	与员工达成一致的工作目标	★	A B B
	16	达成化确认	中层管理者与员工一签订工作目标承诺计划	★	A B B
成一致氛围	17	团队内部宣贯	部门年度整体工作实施计划	★	A B B
	18				

任务时间规划时间段：第三期第四期第一期第二周第三顺第四周　11月　12月　2018年

关键路径	主要任务及成果	负责人
	主要任务及权利	管理者 主管1 主管2 主管3
	成本/风险 时间	
	概述和预测	

主要任务及成果概述和预测：根据实施计划做目标分解，可以预测到整体的工作状态。一年度部门直接影响着下"好不"直接推动着公司自身的业务管理，并结合自身的经营策略，找到未来工作的重点。

成本/风险：根据实施计划的相关费用，根据以往的情况，任这个环节中，可能会遇到行业数据有效地的挑战。但是，从以往的实际余俗为有效的管理要素。

注：1. 年度工作计划是每个中层管理者年度要完成的一项重要工作。该项工作需要公司管理委员会及总经理真正做到成为企业新的一年整体的经营策略。

2. 要充分地想象以及内部落实这些关键技术。数据也具备可参考性。

3. 如果要完成对行业数据以及企业经营策略的有效应理解，必须对当年的整体情况做出详细的总结，并拿出有效的管理要素。

4. 要为重要的是，一定要与主管领导做出一年度部门整体工作目标的制定，做好沟通与交流，做好之前的准备非常重要的，一定要使用数据证示。

注：“优先级”中的 A 代表主导，B 代表辅助。

问题改善类工作目标的任务分解

该类工作目标实现的关键路径是现有问题分析、制定改善措施及解决方案、验证解决方案的正确性、内部规范与推广、总结评估。下面我们来详细分解各个关键路径下应该有的工作任务。

1. 现有问题分析

- 收集问题表现。
- 分类问题表现。
- 定义问题的影响因素。
- 明确相关责任人。

【任务解读】

任务一，收集问题表现。

任何问题的产生都会有很多表现形式，有的是我们可以看见的，有的是我们看不到的。这种看不到的问题往往是通过某种迹象所带来的对该问题的预知。例如，如果把下雨当作一个问题，阴天就是要下雨的表现之一，所以阴天就是问题的潜在表现形式。此处我们要重点讨论当问题发生之后，可以看到的真实结果。例如，由于产品质量问题产生的客户退货，我们可以看到客户退货的不同原因，如包装损坏、开箱之后产品不能使用、产品表面有划痕等，这些表现的收集对下一步的改善至关重要，特别是要注意收集信息的完整性。

　　该任务的输出结果：已经确定的问题产生的结果表现。

任务二，分类问题表现。

在问题结果表现清楚的前提下，管理的常规动作就是分类问题表现，因为任何一个问题表现都可以找到它们共有的属性。沿用上面的案例。如果由于产品质量问题产生的客户退货，那么我们将已经产生的问题表现进行如下分类，即包装损坏、产品表面有划痕归类为包装及运输环节的问题；开箱之后产品不能使用归类为产品出厂验收环节的问题。通过这样的分类，我们就会有一个初步的改善方向，前者是在物流系统，后者是在生产制造的后端环节。

　　　　该任务的输出结果：问题结果表现的分类。

任务三，定义问题的影响因素。

　　当问题的分类有了结论之后，我们就要按照业务管理的职责将问题分配到相关部门，由他们来做问题产生的原因分析。这个过程是由各个分管部门独立完成的，并最终提供产生此类问题的分析结果，为后期整体解决措施的制定打下坚实的基础。

　　　　该任务的输出结果：确定各类问题产生的根本原因。

任务四，明确相关责任人。

　　这个任务是需要参与问题解决的所有相关部门共同来决定的，即当相关责任部门对问题分析之后，将根本原因集中在一起，大家再共同分析各个原因之间的关联度，由此确定未来进行改善的具体部门及其内容。之所以增加这个环节，是因为在任何一个企业，一定会存在某部门产生的最终结果并不是该部门自身能够决定的，可能在该部门的上游由于管理的缺失为该部门埋下了一个隐患，从而产生了问题。所以在分别分析的基础上，如果要实现对问题的最终定义，一定要将所有相关因素放在一起来分析。这就是笔者经常讲的，所有管理工作都要有"先连起来想、再分开来看"的管理过程。

　　　　该任务的输出结果：确定问题改善的关键点及相关责任人。

2．制定改善措施和解决方案

- 分析现有制度的相关性。
- 制定改善措施（优先顺序）。
- 相关责任部门交流改善措施。
- 获得所需资源。

【任务解读】

任务一，分析现有制度的相关性。

在这个过程中，经常会出现两种典型情况，一种是由于企业管理的不完善，可能没有针对该问题的管理制度，这种情况相对比较简单，需要建立制度并推动实施；另一种是企业有对应的管理制度，但是仍然会出现问题，这种情况相对比较复杂，既包含管理制度的合理性，也包含制度的可执行性等。不论是哪种情况，在该任务阶段的核心目标，就是要看企业目前的管理制度与问题之间的关联度，管理制度是否有缺失。

　　　　该任务输出结果：排查出是否有管理制度的缺失。

任务二，制定改善措施（优先顺序）。

我们通过将问题表现与管理制度的对标，就可以清晰地辨析出问题产生的原因。接下来就要按照集体分析的结果，制定问题改善的优先顺序，以及所有改善措施之间的相互关联度。只有这样，我们在改善的过程中才能避免资源的浪费以及职能之间衔接的短路现象。

　　　　该任务的输出结果：具体的改善措施。

任务三，相关责任部门交流改善措施。

作为问题改善的负责人，一定要注意，并不是明确改善的责任主体，知道如何改善就可以了，而是要将所有涉及的改善措施进行系统化的思考和分析，从中可以看到责任部门之间的相互配合点是什么，关联度和紧密度之间的关系如何。所以，要有组织相关部门就改善的具体措施进行充分交流的过程，这个过程也许在任务二就存在了，但是，本阶段是形成最终解决方案。最终确定的关键点包含改善手段、所需时间、所需资源等。

该任务的输出结果：各个责任部门具体的改善措施及目标。

任务四，获得所需资源。

问题的改善会涉及很多方面，有的可能需要制度的建设和落实，有的可能需要企业投入相关资源，如工具、工装，甚至基础设施等。这些资源并不全是负责问题改善的部门能够自主解决的，所以我们需要将所需资源上报给企业高层管理者，特别是当有些改善措施可能存在某种管理风险时，更要请示上级，这是解决方案继续设计和实施的重要前提。

该任务的输出结果：企业高层管理者确定资源投入计划。

3. 验证解决方案的正确性

- 跟踪改善措施的实施进度。
- 验证解决方案的正确性。
- 汇报改善结果。

【任务详解】

该关键路径下的三个任务不需要做太多解读，其核心是改善措施制定与验证的过程管控。但是，需要注意以下三点：

（1）解决方案验证的结果是否可以在企业整体层面进行推广？推广的成本如何？因为如果我们将一个特殊环境下的解决方案拿到企业整体层面来推广，那么其可操作性一定是有限的，因此我们要注意解决方案的普遍适用性。

（2）如果问题改善的解决方案涉及跨部门合作，那么针对这种情况，我们在实施之前就要明确以谁为主。因为没有责任主体，改善的过程就会存在隐患。

（3）改善结果的验证最好用数据说话。这个数据要具有问题改善前后的可参照性，尤其是在数据产生的环境要与问题改善之前相一致，统计方法也一致的前提下，数据结果才是验证解决方案是否有效的主要依据。

上述任务的输出结果：有效验证的改善措施。

4．内部规范与推广

- 制定改善方案的内部推广措施。
- 推广改善方案。
- 修正及完善相关管理制度。

【任务详解】

任务一，制定改善方案的内部推广措施。

该个任务的核心是针对不同性质的改善措施。建立内部推广的具体实施方案。我们要注意以下两个关键问题：

（1）如果涉及制度的完善，我们要根据企业的实际情况确定制度落实的具体时间，即所谓的新旧管理制度切换的时间点，因为这可能涉及内外部的资源准备。

（2）如果涉及设备、工装的调整，还要涉及设备的采购、安装调试的时间，以及员工的使用培训等因素。

该任务的输出结果：改善措施推广的具体实施计划。

任务二：推广改善方案。

这个过程是在相关责任部门范围内全面推广问题改善措施的过程。该过程最重要的是改善措施实施过程中的结果性跟踪，如果出现偏差要及时纠正。

一般情况下，管理者要有培训、实施、辅导和纠正四大管理行为。

　　　　该任务的输出结果：改善方案实施的阶段性评估结果。

任务三，修正及完善相关管理制度。

管理制度是企业管理的纲领。任何改善措施推广的最后工作，都是将符合实际情况、能够解决问题的措施和方法变成企业的管理制度，同时要规避原有制度与新制度之间的执行风险，明确企业未来针对该业务管理的基本标准。因此，改善措施落实之后修正相关管理制度，一定是我们必须完成的一个任务。

　　　　该任务的输出结果：修正后的企业管理规范。

5．总结评估

- 收集改善之后的阶段性成果。
- 总结改善经验。
- 输出总结报告。

【任务详解】

任务一，收集改善之后的阶段性成果。

任何改善措施的实施都会存在新旧方法之间的博弈，改变一个人的管理行为和习惯也是一个非常复杂的过程。阶段性收集改善成果，不仅是为了验证改善措施的阶段性成果，更是评估改善措施是否能够在企业中持续存活。这个过程会逐一暴露出我们前期很多没有想到的潜在问题。也许这些问题并不能立刻对现有问题产生直接影响，但是长久的存在还是会在未来引发更严重的问题。因此，对改善措施的推广做持续跟踪，并不断地评估阶段性成果，是企业中层管理者在问题改善类工作目标中持续完成的一个任务。

该任务的输出结果：阶段性的改善成果（数据）。

任务二，总结改善经验。

企业的任何一项管理活动都不能用一个简单的"完成概念"来结束。我们要学会在每次改善之后的复盘。例如，在改善的过程中能够吸取的经验有哪些？如果未来再出现同类事件，可以降低的改善成本有哪些？通过这一改善过程，可能引发的思考有哪些？企业可能存在的类似隐患有多少？是否需要提前采取行动？深入思考这些问题是问题改善类工作目标得以升华的关键管理行为，更是企业总结并提炼成功经验的必备管理活动。其实，在当今的企业经营中，所有管理者都在做一件相同的工作，即通过各种不同的管理手段以及管理方式，使企业能够在不确定的变化中，增加更多的确定因素。因此，每次问题改善完成之后，我们都必须有一个规定动作，即总结评估改善的过程，为企业管理沉淀更多的经验。

该任务的输出结果：问题改善的成功经验。

任务三，输出总结报告。

该个任务的核心目标是做管理留痕的工作。企业的管理要建立可追溯的管理机制，因为任何企业都会存在人员流动的现象，不仅有内部流动，还有外部流动。但是，只要我们能够做好管理留痕工作，就可以对企业既往的问题改善进行追溯，为企业未来的管理提供更多的参照标准。从目前企业的管理实践来看，很多企业还只停留在管理技术文档上，对技术文档的管控还存在很大差距，这一点需要所有中层管理者高度重视。

该任务的输出结果：改善文档的留存。

从笔者过去的职业经验来看，作为企业中层管理者，每天都会面对这类工作目标。但有了上述系统性工作思路，大家可以建立一个系统化的问题改善逻辑，来指导现实工作。

制度建设类工作目标的任务分解

该类工作目标的关键路径是现有制度评估、明确制度/规范的管理范畴、组织内部达成一致、制度/规范的试运行、制度/规范的固化。下面我们就详细看看这些路径下的任务都应该有哪些。

1．现有制度评估

- 收集现有制度的意见反馈。
- 分类存在的问题。
- 输出问题分析的结果及改善措施。

【任务详解】

任务一，收集现有制度的意见反馈。

制度建设的前提通常有两种主要的工作场景，一是企业在该业务方面尚未形成管理制度；二是由于业务的不断变化，产生了新的需求，需要对原有制度进行重新修正与完善。这里，我们针对第二种情况来总结。

要从该制度所规范的业务中看到存在哪些管理盲点，对现有业务产生了哪些影响，产生了哪些结果，该业务范畴内的主要管理者以及执行者对该制度提出了哪些建议，从中我们可以看出制度到底缺失了什么。

该任务的输出结果：现有制度的反馈意见。

任务二，分类存在的问题。

这个任务跟问题解决类工作目标中的工作任务一样。其实，管理本身的逻辑是相同的。收集了问题表现，接下来就要对所有表现进行分类处理，因为每类表现都会有相同的属性。一般来说，制度建设类的问题表现可以分为以下几种：制度覆盖业务管理范畴的缺失、由于结构调整带来管理职责的变化、由于制度宣导不到位带来的执行不利、制度的管控方法不适合该业务本身的特点、由于该业务的行业管理规范发生变化所带来的修正需求……只要完成分类，就会发现完善制度的突破口，接下来的工作将顺理成章。

　　　　该任务的输出结果：影响制度有效执行的问题。

任务三，输出问题分析的结果及改善措施。

　　在分析问题的基础上，作为责任部门负责人就要将分析结果形成书面报告，作为与高层管理者沟通完善下一步制度的基础。通常情况下，凡是制度管理的归属部门，就是该报告的起草责任部门。如果存在制度之间的交叉，那么应该责成业务主管部门来组织其他相关部门，共同完成制度的修正。书面报告的主要内容包括产生问题的背景及带来的影响、涉及的部门及业务范畴、相关部门对问题的理解、修订制度的前提、未来制度的基本原则及改善建议等。

　　　　该任务的输出结果：问题分析与改善措施。

2．明确制度/规范的管理范畴

- 召集相关部门研讨制度规范的管理范畴及内容。
- 分配制度修订的责任及时间要求。
- 制定标准的管理文件及工具方法。

【任务解读】

任务一，召集有关部门研讨制度规范的管理范畴及内容。

　　如果在请示领导之后得到了首肯，接下来就召集与本制度相关的部门负责人以及关键岗位人员，对制度的修正原则进行充分研讨。其目的是达成一致意见，保证本次制度的修正能够支撑业务的正常运营。在这个环节，如果组织者认为有必要，可以邀请业务部门的相关人员，再次强调业务正常运转所需要的制度支持；着眼于未来业务的发展，对潜在问题做进一步澄清，以便让各职能管理部门以及相关人员清楚业务的管理特点和需求，并确定未来制度的管理范畴，即管理边界。

　　该任务的输出结果：确定制度修正的管理范畴及主要内容。

任务二，分配制度修正的责任及时间要求。

根据研讨确定的制度管理范畴以及相关内容，确定承担制度完善与修正的相关部门和责任人，并对完成的时间提出具体要求。注意，这个时间是制度正式的发布时间，以此为基准安排所有的相关事宜。

　　该任务的输出结果：制度正式的发布时间。

任务三，制定标准的管理文件及工具方法。

在上述任务完成之后，责任部门要按照组织者的要求进行新制度的起草与完善。一般情况下，不论是建立一个制度还是修正一个制度，都要遵循管理制度撰写的基本格式。通常，一个制度的内容是由以下几方面构成的。

- **目的：**制定该制度的管理目的。
- **适用范围：**该制度的管理范畴。
- **职责：**涉及的管理部门和业务部门，在该制度下所承担的管理职责。
- **流程：**该制度的实施步骤以及相关部门所需完成的具体工作。
- **工具方法：**该制度规范的、统一的管理工具，如表格等。
- **术语：**如果在制度中使用了行业或者本企业的相关管理术语，需要给出正确的定义。
- **附则：**主要明确该制度一旦出现与其他管理制度之间的冲突时以谁为准，同时明确该制度正式实施的启动时间，以及质询的主管部门等相关内容。

　　该任务的输出结果：修正之后的标准制度文件。

3.组织内部达成一致

- 转发有关部门审核会签。
- 上报分管的上级领导审阅确定。
- 确定试运行的部门。

【任务解读】

任务一，转发有关部门审核会签。

这是在企业管理中非常普遍的一个管理行为，但也是一个会浪费很多管理精力的过程。随着办公管理软件水平的不断提升，贴身化的办公服务无处不在，只要有手机、电脑、网络，审批可以无处不在。可是，在现实的工作中，很多人都会将这种审批当作走过场。组织者为了提升审批的时效性，还经常使用"某某时间不回复视为同意"等语言。结果往往是那些视为同意的人，都会在新制度开始实施时，发出各种挑战。

为了解决这个问题，最好的方式是，如果该制度涉及企业很多重要部门，又是企业的核心业务，那么建议通过现场会议的方式来实施现场审批。这种面对面的交流和挑战，对制度的起草人是一件非常好的事情，我们不要排斥。因为只有在这种场合下，才能将制度的有效性和管理的规范性进行针对性解读，帮助大家深入理解制度。

　　该任务的输出结果：完成会签的制度文件。

任务二，上报分管的上级领导审阅确定。

这个环节被很多管理者认为非常简单，通过领导的秘书递送审批、发送请示审批邮件等是常见的方式。但是，现实告诉我们，这些都不是最佳选择。

作为中层管理者，在递交一个需要分管的上级领导审批的文件时，必须做好以下准备：在制定制度的过程中遇到过哪些问题？我们是如何解决的？在制定和完善制度的过程中，与当初请示领导的原则是否发生了变化？为什么？在企业内部会签的时候，出现过哪些部门的挑战？我们是如何解决的？只有这样，才能让管理者更加清晰该制度建立的过程，以及未来实施过程中需要关注的点。

该任务的输出结果：分管的上级领导审批之后的制度文件。

任务三，确定试运行的部门。

这是一个可选择的任务，也就是说，并不一定所有制度都需要做试运行管理。试运行只针对在企业内部涉及面广、适用对象广泛、企业管理者对新制度尚存部分疑虑又不得不实施的管理制度。通过一个短时间的试运行来进一步评估制度的可实施性和适用性是非常必要的。在选择试运行部门的时候，要把握几个关键原则，即该部门在企业中较适合运行该制度、该部门管理者有意愿尝试新制度、管理水平在企业层面处于中游等，这些选择都会为制度的试运行带来可靠的价值。

该任务的输出结果：确定的制度试运行部门。

4. 制度/规范的试运行

- 召集试运行部门的有关人员进行制度解读。
- 下发试运行正式通知，明确启动时间。
- 阶段性召集会议，审核实施存在的问题。
- 完善修订制度。
- 形成试运行的总结报告。

【任务详解】

任务一，召集试运行部门的有关人员进行制度解读。

这是进行试运行管理的最重要环节。因为如果不能将企业管理者的期望，告知准备进行试运行的相关人员，很容易让该部门的管理者和员工产生不必要的误解。与此同时更为重要的是，要详细解读制度的核心，做该制度的修正或者建设的原因……并在宣导的过程中，进一步了解在即将进行的试运行过程中可能存在的问题，以及大家建议的解决方案，因为只有一线管理者才真正了解业务。

　　该任务的输出结果：制度试运行需要注意的事项。

任务二，下发试运行正式通知，明确启动时间。

任何一个管理制度的启用，在企业内部都会存在很多影响和被影响的因素，很多时候还会涉及外部资源，如供应商、渠道等。因此在正式切换管理制度之前，一定要留出时间，给相关部门做好资源准备、提供保障。

　　该任务的输出结果：试运行正式通知。

任务三、任务四，阶段性召开会议，审核实施存在问题，并完善修订制度。

这两个任务是一个相辅相成的管理过程。在制度试运行的过程中出现的各类问题，最终还是要还原到制度的适用性上。只有通过不断地审视和评估试运行出现的问题与制度之间的矛盾与冲突，才能正确决策制度的有效性。

　　任务三输出结果：试运行阶段性评审纪要。
　　任务四输出结果：制度修正的过程记录。

任务五，形成试运行总结报告。

在试运行工作结束之后，作为制度起草的主管部门一定要拿出一个完整的试运行总结报告。该报告的主要内涵包括试运行过程中出现的问题、对应制度的改善建议、制度的利益关系人在试运行过程中的意见反馈、制度在企业层面进行推行的可靠性评估等。其目的是让管理者能够看到制度试运行的真实面貌，有时甚至需要召开相关会议进行试运行的总结评估。

　　　　该任务的输出结果：试运行总结评估报告。

5．制度/规范的固化

- 全面汇报试运行工作结果。
- 审核通过正式下发文件。
- 下发正式文件。
- 组织有关部门/岗位培训相关制度/规范。

【任务详解】

任务一，全面汇报试运行工作结果。

　　这个任务的核心是将试运行总结全面展示给企业管理者，从中获取管理者对该制度的下一步要求。例如，是否还需要进行必要修正？是否可以在企业层面进行全面推行？这些决策背后的核心目标，就是该制度是否能够促进企业管理的规范化，是否能够促进企业效率的不断提升。对于重要的管理制度，这个环节一定是不能缺失的。

　　　　该任务的输出结果：针对制度是否全面推行的会议纪要。

任务二、任务三，审核通过正式下发文件及下发正式文件。

　　这两个任务其实就是一个履行文件审批的过程，每个企业都会有相关规定。

　　　　任务二的输出结果：文件审批单。

任务三的输出结果：正式文件下发通知。

任务四，组织有关部门/岗位培训相关制度/规范。

注意，这个任务是需要管理者牢记的重要任务。它是制度建设的最后一个任务，如果没有实施必要的制度宣导，一定会出现制度在企业管理中落实的偏差。作为中层管理者，一旦企业出现一个新制度，首先要认真领会，进而在分管业务范围内做详细解读。如果直接涉及本部门业务管理制度的变化，必须进行适当的工作调整，以保证新制度的有效实施。

该任务的输出结果：部门相关岗位的修正计划（针对新制度的要求）。

通过对制度建设类工作目标实施过程的拆解，大家了解了一个日常管理可遵循的实施步骤。这类工作目标的管理能力是企业中层管理者必备的管理技能之一。

团队组建类工作目标任务分解

团队组建有两种情况，一是组建一个新团队；二是接手一个新部门。这里以"组建一个新团队"为例（接手一个新部门，可以参照问题解决类工作目标进行任务分解），给大家介绍这类工作目标分解到任务层面的具体的工作任务。

组建一个新团队的关键路径有明确团队目标、构建团队的工作职责、团队人员组建、相关技能培训、阶段性跟踪与检核。

1. 明确团队目标

- 理解企业高层管理者对新团队的期望。
- 起草新团队的业务规划。

● 评审新团队的业务规划。

【任务详解】

任务一，理解企业高层管理者对新团队的期望。

企业组建一个新团队，通常会有几种可能，一是由于业务管理的需求，将原来在某一个部门下孵化的业务独立出来；二是企业处于整体发展的变革期，要拓展一个新业务模式；三是由于企业组织结构的调整，需要重新组合部门。上述三种情况都会涉及新团队的组建工作，但是不论哪种情况，在组建团队之初，一定要清晰企业高层管理者对本团队的管理期望。通常要明确以下几个关键点：团队组建的目的、阶段性具体的工作目标、新团队在创建的过程中需要注意的事项等。

  该任务的输出结果：企业对新团队的管理期望。

任务二，起草新团队的业务规划。

在明确企业高层管理者对新团队的要求之后，作为负责组建新团队的中层管理者，就要进行新团队的业务规划。一个团队的业务规划包含团队的价值定位、业务管理范畴、管理的目标、职责范畴、关键岗位的设置、每个岗位的具体职责、人员组成的基本能力要求、短期目标达成的具体实施措施、风险评估，以及所需资源及预算等。需要特别强调的是预算。为什么组建一个新团队要做预算申报？因为不论是拓展新业务的团队组建，还是部门重新整合的团队组建，都会在财务管理中，进行新的核算业务单元的设立。因此，预算申报是非常重要的环节。

  该任务的输出结果：新组建团队的业务规划。

任务三，评审新团队的业务规划。这是团队组建的负责人与企业高层管理者直接交流的过程。交流的内容是以构建新团队业务规划为蓝图，与高层管理者对该团队的未来工作进行充分交流，并就相关事宜达成共识。

　　该任务的输出结果：与高层管理者达成一致的新团队业务规划。

2．构建团队的工作职责

- 设计团队业务管理模式。
- 分解团队的管理职责。
- 撰写关键岗位的职位说明书。

【任务详解】

任务一，设计团队业务管理模式。

所谓团队业务管理模式，就是指团队组织结构。根据业务管理内涵的不同，会有三种设计方式，第一种是按照职责模块来划分，如人力资源划分为招聘、绩效、领导力等模块；第二种是按照业务管理的流程来划分，如研发业务划分为产品规划、框架设计、详细设计等模块；第三种是子项目制，这种模式通常在拓展新业务中较为常见。但是，大家需要注意，任何一种管理模式的设计都会有不同的价值，其核心是关注团队成员的能力和特点，以及企业整体业务的管理模式。前者考虑的是未来业务需要突出个人能力还是团队合作，后者需要考虑的是与企业其他上下游业务的衔接关系。

　　该任务的输出结果：团队的组织结构。

任务二，分解团队的管理职责。

在团队管理模式确定之后，就可以按照职责进行分类，设置不同的管理岗位，并对这些岗位进行职责梳理。职责的撰写需要按照以下三段论的原则来进行，即"根据什么，做什么，达成什么结果"。通过这样的梳理，基本上可以清晰地定义每个岗位所需要构建的管理制度、流程以及工具方法。同时，可以清晰地看到岗位的价值与团队最终输出结果之间的关联度，由此评估管理职责分解的有效性和合理性。

　　该任务的输出结果：岗位以及相关管理职责的设置。

任务三，撰写关键岗位的职位说明书。

该个任务是一项非常重要的任务，因为职位说明书是人才招聘的基本要求。该个任务需要人力资源部的大力配合，如提供企业规范的格式以及协助撰写职位说明书。如果人力资源部能够尽早参与，对未来人才的招聘将起到非常重要的作用。

　　该任务的输出结果：团队关键岗位的职位说明书。

3. 团队人员组建

- 提出招聘需求。
- 实施人才招募。
- 准备办公资源。

【任务详解】

任务一，提出招聘需求。

在团队组建的过程中，人员招聘的准备工作是一直在进行的。但是，前期的沟通和交流都没有提供一个相对完整的招聘需求，这里所说的完整不只是一个需求，而是要按照职位说明书的标准提供人才的需求。与此同时，也只有在团队的业务规划得到高层管理者认同后，才能正式进入人才招聘的过程。

　　该任务的输出结果：符合团队业务规划的人员编制需求和招聘需求。

任务二，实施人才招募。

这个环节需要新团队负责人与人力资源部密切配合。这里希望大家注意一个关键问题：对于拓展的新业务，在团队开始组建的过程中，最理想的人员组合方式，并不全是外部招聘，而是内外部招聘有机结合。外部招聘主要集中在新业务的专业人才方面，这方面的人才也许企业原有储备不够；内部招聘主要针对相关辅助岗位，这样可以降低内部沟通的管理成本。

　　　　该任务的输出结果：完成团队成员组建（能够满足业务的启动）。

任务三，准备办公资源。

该任务的核心是在满足业务需求的前提下，快速搭建团队的办公资源，如办公室、相关设备、设施等。同时，还要安排现有员工对本团队的业务知识做梳理，为接下来的到岗人员培训做好前期准备。

　　　　该任务的输出结果：办公等资源到位。

4. 相关技能培训

- 宣贯团队业务规划。
- 定义岗位职责以及近期工作目标。
- 培训相关业务的基本常识。

【任务详解】

任务一，宣贯团队业务规划。

当团队成员基本到岗之后，所有相关工作开始之前，要统一团队成员的工作目标和思路。团队负责人要将与企业高层管理者达成一致的业务规划做全面解读，让团队成员清晰自身的价值和责任，为接下来的具体工作做好准备。

　　　　该任务的输出结果：明确定义团队的具体工作目标。

任务二，定义岗位职责以及近期工作目标。

在团队整体目标以及实现路径相对清晰的前提下，就要针对每个关键岗位做职责和目标的分配。该个任务主要由中层管理者指导关键岗位的员工来完成，完成标准是各个岗位能够清晰化自身负责的工作目标的具体实施计划、对应的资源以及预算准备。只有这样，中层管理者才能评估这些目标的可达成性，以及资源的匹配方案。

该任务的输出结果：关键岗位的近期工作目标及实施计划。

任务三，培训相关业务的基本常识。

所谓基本常识，就是指本团队核心业务的管理要点以及所涉及的专业知识。该个任务的实施方式有多种，包括请外部招聘的专业人才介绍对业务的理解、部门前期准备的相关资料、派出学习、参加行业内的专业活动以及请专业的老师给团队成员做系统讲解等。所有这些培训资源的准备和实施，一定要与团队的短期目标相对应，因为只有这样，才能让团队成员快速进入工作状态，这对新组建的团队意义重大。

该任务的输出结果：业务知识培训的结果性评估。

5. 阶段性跟踪与检核

- 建立目标跟踪的方法。
- 实施过程跟踪与检核。

【任务详解】

这两个任务相对比较简单。原则上，我们会根据不同目标的属性设定跟踪的时间周期，以及结果呈现的方式。如果在阶段性评审过程中出现偏差，作为管理者要及时给予支持和纠正。对于新组建的团队来说，在这个环节中容易出现的问题有以下几种，一是在实施的过程中，团队成员缺乏必要的方法和资源；二是原来设定的实施路径经过验证未能达成既定目标；三是由于对新业务理解得不完整，带来期初的预算不够；四是由于新组建的团队在管理的边界上存在与其他部门管理职责的交集，带来很多管理模糊地带等。这些问题都属于正常现象，不必大惊小怪。为了防止此类问题的发生，需要及时地跟踪和交流，从而避免团队整体目标出现偏差。这是一个短期内周而复始的任务。

　　　　该任务的输出结果：目标跟踪管理办法及纠正偏差的具体措施。

　　团队组建类工作目标的任务分解，让我们对一个新团队的组建工作变得更加可操作，这就是目标分解给我们带来的价值。

第四节　目标分解工具

　　本节笔者要给大家介绍一个与目标计划工作单配合使用的目标分解工具（见表3.2）。该表是在目标计划工作单的基础上，通过对任务的分解、责任人的明确以及成本的预估等关键信息的详细分析，实现对工作目标的整体规划。

　　（1）区域1是对工作目标的基本描述，即目标名称、责任人、目标开始的时间或者实施的时间段、SMART目标。该部分内容对应目标计划工作单中的"目标定义"内容。

　　（2）区域2是概述。该部分的内容对应目标计划工作单中"目标价值分析和现状分析"部分，通过对目标的概要性阐述，给目标参与者一个类似全景画的目标描述。

　　（3）区域3是关键路径。对应于目标计划工作单中规划的目标实现关键路径，填写顺序是由左向右。

　　（4）区域4是进行目标分解的设计，包含目标分解的关键任务，每个任务要与区域3的关键路径实现逐一对应。

表 3.2　目标分解工具

目标名称：				责任人：										日期：
SMART目标：														

目标分解		主要任务	提交成果	任务时间规划												优先级
				1月	2月	3月	4月	5月	6月	7月	8月	9月	10月	11月	12月	
				第一季度			第二季度			第三季度			第四季度			
				××××年												

关键路径

目标的责权利

主要任务及成果　　　时间

概述和预测　　　成本/风险

负责人

（5）区域5的内容对应每个任务的输出结果。

（6）区域6是任务时间规划，主要针对每个任务设定具体的时间。在"任务时间规划"的下端，有一年四个季度的时间描述，可以精确到周。大家可以根据不同的工作目标要求进行调整。其核心目的是对每个任务进行相对精准的时间安排，特别要注意并联与串联任务的设计。

（7）区域7是优先级和负责人。要将每个任务对应到团队成员。所谓优先级，就是指在对应到责任人的过程中，设定为A、B两种角色，A代表承担该任务第一责任的员工；B代表承担该任务辅助的角色。注意，任何一个任务，原则上只有一个负责人，其他的是辅助人员，一定要避免"谁都负责，但是谁又都不负责"的现象。

（8）区域8是成本。在这里可以清楚地看到，通过上述七个部分的详细设计，一定会清晰地掌握该工作目标所需资源和费用的整体情况。

目标分解工具表是工作目标实施过程的管理依据，也是所有参与工作目标管理的成员共同遵守的行动纲领。

（备注：凡是这种矩阵式的工具表，请按照"顺时针"的方向进行填写。）

本章小结

目标分解的意义：

1．目标只有在分解之后才能变得更加清晰。

2．目标只有在分解之后才能让大家看到可操作性。

3．目标只有在分解之后才能让管理者有效跟踪。

目标分解的原则：

原则一：目标分解既要遵循管理的逻辑，也要遵循企业管理的成功经验。

原则二：目标分解要到任务层面。

原则三：任务可以是并行的，也可以是串行的。

清晰

分解

标准

跟踪

第四章

定义目标标准的有效方法

给工作目标设定清晰的标准，是目标管理方法论的第三个重要环节。虽然我们在前文已经反复强调目标管理的 SMART 原则，但是，这只是目标标准定义的第一步。

　　虽然工作目标的数据化是我们追求的目标，但是，在现实工作中也难免存在行为标准。因此，我们从行为标准和数据化标准两个角度，给大家介绍工作目标标准的定义方法。

第一节　行为标准的定义方法

我们先来看一个案例。

在很多企业中，都会有一个大家熟悉的岗位——秘书，这是一个在企业中会与很多人有工作交集的岗位，尤其是它的一项管理职责，即公章管理，是我们大家经常会涉及的。

有一个一直让笔者记忆犹新的场景。当时笔者分管的总裁办公室招聘了一位新秘书，最终面试是由笔者来做的。笔者只问了她几个简单的问题，也是她未来工作中一定会遇到的问题。其中，有一个关于公章管理的问题。

问："你认为管理好公章的标准是什么。"

答："绝对不能出事！"（反应很快）

问："什么叫'不能出事'？标准是什么？"

她有些沉默，补充了一句："就是不能犯错误。"

问:"公章管理的'错误'都是什么?"

她又沉默了,而且满脸通红地看着笔者,非常惭愧的样子,甚至有些可怜。

笔者没有难为她。其实看到她的表情,以及听到她的回答,让笔者想起了其实有很多管理者,尤其是中层管理者,对员工提出的工作标准,不也是这样吗?仅仅用一个"好"字就代表了一切!

接着,笔者将管理好公章的行为标准告诉了她,具体如下:

第一,不在公司授权文件范围内的领导批示,不能盖章。

第二,人离开办公室,公章放进保险柜。

第三,不能在空白纸上盖章。如果是投标需要,一定要在投标文件的最后一页(尾页)上端,用暗字标注投标尾页,并在下端标明公司名称以及年月日,其中月、日两格为空,为确定的正式投标日期使用,然后盖章。

第四,加盖公章,要求是遮年盖月,公章中心要落在"月"字上,公章不能盖反。

第五,骑缝章一定要保证覆盖到首、尾页,不要重叠和断页,这是防止造假的关键。

第六,如果公章需要外借办公,经手人不在公司授权范围内,即使有领导的批示,也要与其随同出行,并保证公章的安全。

当笔者说完上述行为标准后,问她:"清楚了吗?知道什么是管理好公章的标准了吗?"

她欣然地笑了!

通过这个案例,我们可以看到工作目标的行为标准在现实工作中大量存在,在一些辅助岗位的工作管理上尤其重要。那么,行为标准定义的原则是什么呢?

- 行为标准的设定依据是岗位工作职责。
- 通过分解任务,明确不同时间和不同动作的要求,且分清先后顺序。
- 要站在被服务对象的角度以及工作安全的角度设定行为标准。
- 通过对"不可接受的事件,以及存在挑战的事件时如何应对"的重点描述,来设定行为标准。

值得注意的是,这些行为标准绝不能停留在口头上,必须将它们书面化,以卡片等形式放置在员工日常工作的可视范围内,尤其是员工工作中一定会接触到的某些场景、工具等。只有平日的时时强化,才能实现在日常工作中的固化。

第二节　数字化标准的定义方法

数据化工作目标标准,应该是所有管理者一贯的管理追求。数据化给管理者带来的最大价值,就是能够帮助理解业务,并通过数据的沉淀与积累,构建一个可遵循的管理模型,预知可能产生的工作变化。

问题改善类工作目标经常会使用问题改善前后数据的对比,来评估改善效益。因此,我们在这里介绍数据化目标标准的管理原则以及管理工具,给大家提供一些管理思路。

数据化的特点

如果使用数据来评价工作目标,就要在设定目标之初对数据加以清晰的定义,使目标参与者达成共识。

这个"数据"应该具备的特点如下:

- 数据一定要来自企业的权威管理部门,而不是问题所在部门。
- 数据采集的方式、方法要前后一致,否则不能实现对比性。
- 数据不能是某一个"时点"的数据,而是相对稳定的数据,也就是说,我们要看到的是一种稳定的变化,而不是偶然事件。

数据化目标标准的管理工具

基于上述特点,利用表4.1可以帮助大家实现管理。

表 4.1　数据化目标标准模板

目标标准定义	
目标名称	
目标描述/定义	
责任人（名称和职务）	
目标计算公式/算法	
目标类型	

目标测量		
目标方式	度量类型	度量单位
	货币汇率	货币类型
	统计周期	统计频率
原始数据	原始数据来源	提供部门/人员（名称和职务）
数据形成方式		IT 软件系统名称

目标审批	
目标值提供人（姓名和职务）	
目标结果提供人（姓名和职务）	
目标结果审核人（名称和职务）	
目标结果批准人（名称和职务）	
备注说明	

1．目标标准定义

目标标准定义需要强调以下两点。

（1）目标计算公式/算法。既然是数据化目标，就一定要有数据的计算方法，并且在计算方法中的所有数据都是可以被采集的数据，否则数据化目标就无法实现。在实际工作中这种情况时有发生。

（2）目标类型。所谓目标类型，就是指我们希望这个数据是越大越好，还是越小越好。例如，质量事故/事件的数据一定是越小越好；而产品合格率的数据一定是越大越好。不同的管理期望一定会带来不同的管理行为，因此在定义目标时，一定要给出清晰的标准。

2．目标测量

所谓目标测量，就是指对数据化目标测量方法的定义，包括度量类型、度量单位、货币汇率、货币类型、统计周期、统计频率、原始数据来源、提供部门/人员、数据形成方式和 IT 软件系统名称。重点内容介绍如下。

（1）度量类型与度量单位。数据化目标度量类型有数值和百分比两种，二选一即可。度量单位表示精确到小数点后几位，这一点是非常必要的。例如，98.7%和99%是有区别的，我们要有追求精准的工作态度。

（2）货币汇率与货币类型。如果数据化目标涉及对外业务，如国际营销、国际采购等，货币类型是外币，那么在定义目标标准之初，也要给出一个固定汇率，注意一定是"固定"的。因为在目标实现的过程中汇率一定是会有变化的，但是，作为目标承诺人是不能决定这种变化的，企业需要由专业部门在设定目标之初给出一个固定汇率。

（3）统计周期与统计频率。如果是针对一个年度的工作目标，则统计周期为年度，统计频率为月度或季度。如果是针对某一个具体的改善目标，则应该按照该项目的工作特点来确定统计周期。例如，以一个完整流程的全部实施周期为基准，或以一个产品或者一批产品的生产周期为基准。注意，我们最终是以"一个统计周期"的数据结果为具体衡量标准的。

（4）原始数据来源。既然是数据化目标，那么企业所有部门都可能涉及相关数据，而且一定存在某些数据需要几个部门综合评价才能给出，所以在定义数据化目标的时候，必须告知目标承担者，哪个部门才是最终数据的提供者。只有这样，才能实现对数据的权威解释。同时，我们会遇到另一个现实情况，即如果该数据是通过企业信息化管理系统生成的，那么也要给出是什么软件系统在什么时间节点给出的数据，这是评价目标的依据。

3. 目标审批

该部分的核心是对数据化目标的审核机制，也就是从目标值提供、目标结果提供、目标结果审核、目标结果批准四个角度进行责任人的定义。

四个责任人中，除了目标值提供人与目标结果提供人原则上不应该是同一个人，其余可以是同一个管理角色。表 4.2 是一个数据化目标标准案例。

表 4.2　数据化目标标准案例

目标标准定义		
目标名称	新产品销售占比	
目标描述/定义	公司当年推出的新产品销售额占全年销售额的比例，以此促进新产品的快速市场化	
责任人 （名称和职务）	销售总监	
目标计算公式/算法	新产品销售占比=新产品销售额/年度销售总额×100%	
目标类型	越大越好	
目标测量		
目标方式	度量类型	度量单位
	百分比	小数点后一位
	货币汇率	货币类型
	无	人民币

续表

目标方式	统计周期	统计频率	
	年度	月度	
原始数据	原始数据来源	提供部门/人员 （名称和职务）	
	公司营销管理部	销售数据统计专员	
数据形成方式	公司信息管理系统	IT 软件系统名称	ERP-CRM
目标审批			
目标值提供人 （姓名和职务）	公司总裁 ×××		
目标结果提供人 （姓名和职务）	公司销售总监 ×××		
目标结果审核人 （名称和职务）	公司经营业务总监 ×××		
目标结果批准人 （名称和职务）	公司总裁 ×××		
备注说明	所谓新产品，通常是指上半年推出的新产品，公司要明确正式上市的时间		

本章小结

目标的行为标准管理原则：

- 行为标准的设定依据是岗位工作职责。

- 通过分解任务，明确不同时间和不同动作的要求，且分清先后顺序。

- 要站在被服务对象的角度以及工作安全的角度设定行为标准。

- 通过对"不可接受的事件，以及存在挑战的事件时如何应对"的重点描述，来设定行为标准。

目标的数据化标准管理要点：

- **目标标准定义：** 目标名称、目标描述/定义、责任人、目标计算公式/算法、目标类型。

- **目标测量：** 度量类型、度量单位、货币汇率、货币类型、统计周期、统计频率、原始数据来源、提供部门/人员、数据形成方式、IT 软件系统名称。

- **目标审批：** 目标值提供人、目标结果提供人、目标结果审核人、目标结果批准人。

清晰

分解

标准

跟踪

第五章

目标的跟踪与检核

通过对工作目标管理的清晰、分解、标准三大核心任务的详细解读，可以看到工作目标管理的严谨性、系统性和规范性。对工作目标的清晰化描述帮助我们定义了方向；通过对工作目标的任务分解，帮助我们设定了跟踪的内容；标准设定恰恰是我们跟踪的对标。如果不想将前面的努力付诸东流，就必须加强在目标实现过程中的跟踪管理。

中层管理者首先要清晰，在工作目标跟踪过程中的核心任务是什么。通常情况下，按照工作目标管理的原则，在跟踪过程中要完成以下几项关键任务：

- 衡量工作进度及其结果；
- 评估结果，并与工作目标的标准定义进行比较；
- 对员工出现的错误进行工作辅导；
- 如果在跟踪过程中发现严重偏差，就要找出原因；
- 针对原因采取必要的纠正措施，或者变更计划。

本章我们将从目标跟踪的基本原则、核心任务、挑战及应对措施，以及目标没有实现的问题分析方法四个方面给大家提供有效信息。

第一节 目标跟踪的基本原则

所有工作开始之前都要确定管理的基本原则,这是日常工作的基本规律,因为没有原则就不能形成统一的行为规范。工作目标的跟踪要遵循适时性、重要性、明确性和经济性四大基本原则。

适时性

遵循适时性的目的,就是为了确保管理者及时发现工作目标实现过程中出现的问题,并及时采取管理措施,防止问题因时间、情况的变化而变得复杂。这也是在目标清晰化过程中设定回顾时间的原因。

重要性

所谓重要性，包含两个关键因素，一是通过对工作目标的分解，要关注那些对工作目标实现起到决定性作用的关键路径和任务；二是通过任务责任人的确定，看到他们在能力和工作经验上存在的差距，这些潜在差距是我们需要跟踪和帮助的重点。如果中层管理者没有跟踪这些最重要的任务和人员的能力差距，工作目标的跟踪管理就不能对工作目标的完成结果产生正向影响，反而会偏离设定的工作目标的标准。

明确性

所谓明确性，也包含两个关键因素，一是在工作目标清晰化描述过程中，针对可能出现的问题以及应对措施的方案设计，为员工提供针对可能出现问题的应对措施；二是针对这些应对措施，明确管理者与员工的责任和权限。只有这样，才能保证企业上下的一致性和协调性。

经济性

所谓经济性，核心是关于跟踪目标的成本概念。如果工作跟踪过于复杂、琐碎，就得不偿失了。谁会希望一件工作的跟踪，比这件工作本身更为复杂和困难呢？脱离现实条件的跟踪方法一定是得不偿失的，降低复杂度一直是管理者所要追求的目标。

随着企业现代化管理手段的不断提升，我们可以利用 EPR 系统、项目管理等方法，将每个员工的工作目标、实施计划输入计算机系统中，并同组织其他管理职能相连接，进行系统化管理。

目标跟踪是一个耗费时间和精力的管理工作，因此，在进行目标跟踪时，必须平衡"速度、经济性及精确性"三者之间的关系和要求。有时候必须牺牲一些精确性，以便工作跟踪能够迅速、高效地进行。这就需要权衡"工作跟踪实际取得的效果和所要花费的时间、精力"两者之间的比例关系。如果为某个员工的工作目标跟踪设计了比较复杂的程序，花费了很大的精力，那么不如用简单、经济的跟踪方法关注的效果更好。

通过上述工作目标跟踪的四大基本原则，我们发现在这些原则中蕴藏着一个管理的基本逻辑，即优先顺序管理。

（1）重要性的优先顺序。时刻关注对工作目标实现起到关键作用的路径和任务。

（2）经济性的优先顺序。时刻关注选择工作目标跟踪方法的管理成本，能简单就不要复杂，能直接就不要间接。

第二节　目标跟踪的核心任务

目标跟踪的工作要完成收集信息、评估信息和反馈三项核心任务，下面分别针对三个任务的有效方法进行介绍。

收集信息

收集信息是对工作目标可达成性评估的重要基础。通常情况下，收集信息的主要方法包含个人工作报告、例行会议、系统数据、协同、他人反映五种主要方法，每种方法都有其特点和要求。

1. 个人工作报告

个人工作报告，是指员工在工作目标实现过程中自我管理的一个基本工具。其主要内涵包括完成工作的数量、质量，出现的问题及其解决方案等。

中层管理者通过员工的个人工作报告，可以了解员工工作的进展情况，核心是要关注关键任务的完成情况。在当今的企业管理中，几乎所有企业都将个人工作报告作为必须执行的一项制度，比如员工每月都要上交一份个人对目标执行情况的总结。虽然这种做法看起来会增加员工的工作量，却可以帮助员工定期对自己的工作进行反省，也有利于中层管理者及时了解员工的工作进展。需要注意的是，很多人喜欢在个人工作报告中突出自己的工作成绩，掩盖出现的问题。所以，中层管理者应参照其他的信息来源，客观看待员工的个人工作报告。个人工作报告是工作目标静态跟踪的基本方法。

2. 例行会议

中层管理者可以通过例行会议，听取员工的工作汇报，评估完成情况。会议参加各方——中层管理者和员工应当做好相应的准备，包括相关材料的准备，如介绍目前工作进展、遇到的问题、可能的原因和相应的工作建议等。但要注意的是，所有这些准备必须遵照对目标的清晰化描述以及任务分解的标准来进行，否则就失去了管理的对标。

中层管理者在听取员工的工作汇报时，一方面可以加强同员工的交流，更直接地了解工作进展情况，提出自己的观点，帮助员工解决工作问题；另一方面可以使中层管理者对员工的工作状况、个人能力有更加清晰的了解，从而找到需要帮助改善的关键点。

3. 系统数据

系统数据是指在企业信息化管理系统中针对目标数据的结果性体现。目前，很多企业已经将其上升为大数据管理的业务范畴。但是，不论是系统数据还是大数据管理，如果要实现对工作目标的数据化管理，首先必须建立目标数据（第四章已经做了详细介绍）。针对目标数据要注意以下三个关键的管理重点。

（1）数据池。需要从哪里采集数据，并对应到数据化目标标准中的原始数据来源。

（2）过程数据。任何一个结果类数据的实现，必然要经过很多过程数据的积累和演化，而这些过程数据一定要与数据化目标标准计算公式/算法中的计算要素保持一致。

（3）数据时点。如果要实现对目标结果的有效评估，必须依据数据化目标标准设定的统计周期/统计频率时间要求，否则收集的数据信息就不足以实现对工作目标的正确评估。

上述三点是使用系统数据跟踪工作目标实施过程的注意事项，对于问题解决类工作目标具有非常大的管理价值。

4. 协同

"协同"在管理学中有很多种解释。但是，这里强调的是，在工作目标实施的过程中，中层管理者要针对重要的实施路径，尤其是关键任务，通过在现场或者陪同实施的方式进行真实观察，以此获取真实的第一手资料，帮助员工评估问题。

笔者曾在加入一家软件企业的初期，负责行政管理工作。笔者刚上任不久，分管的上级领导就非常严肃地告诉他，行政管理部必须大幅度提升办公环境改造的交付速度，要有承诺并保证实现。

由于刚刚加入这家企业，笔者对很多事情尚未清楚，接受这样的目标一定是有难度的。但是，笔者找到正在实施的办公环境改造项目，用了整整两天在现场进行观察，记录了实施过程中每个必要任务的先后顺序，尤其是通过串联、并联任务的分析，找到了可以改善的关键点。与此同时，通过带领员工共同总结几个不同类型的改造项目后，笔者团队清晰地找到了每个任务完成的先后顺序（串联、并联任务调整）和约定时间的设置方法，不到三个月按时交付率就得到了大幅度提升。

协同要求中层管理者要在工作目标实施过程的现场。只有这样，才能获得准确的信息，设计有针对性的解决方法。

5．他人反映

所谓他人，包括本部门的同事、其他部门的同事以及客户等。通常情况下，他人的反映主要包括以下两种情况。

第一种情况是对人的。例如，其他部门人说："你们部门的某某，工作不认真。"

第二种情况是对事的。例如，有一位销售员说："我们部门的小王今天跟客户约的是早上8点半去拜访，结果9点了他还没到约定地点。"

那么，中层管理者对于他人的反映，应该有什么态度和应对措施呢？

（1）凡是对人的评价，原则上不能完全相信。因为在做目标分解和任务安排的过程中，要求对多任务承担者进行能力等诸要素的评估，其中工作的严谨性是一项必备的评估内容。如果出现当初评估的内容缺失，那么也要掌握事实后给出结论。

（2）凡是对事的评价，应作为其他跟踪方法的印证基础。要求中层管理者掌握第一手资料，然后做出结论性判断。毕竟每个人对事物的理解会因各自角度和认知深度、广度的不同而产生差异。

在上述五种收集信息的方法中有笔者在以往工作中一直使用的，如个人工作报告、例行会议、他人反映。但是，在当今的管理中，有效使用系统数据和协同，更是中层管理者需要不断提升的管理能力。尽管这两点看似不难，但做好不是一件容易的事情。

评估信息

我们先来辨析两个经常容易混淆的概念，即分析和评估。

- 分析是指将事物、现象、概念分门别类，离析出本质及其内在联系。
- 评估是指对方案、措施、结果等进行论证，以决定是否采纳。

根据上述两个概念的定义，可以清楚地看到，分析是一个过程，而评估是一个结果。也就是说，要在分析的基础上，最终确定为确保工作目标有效达成所要采取的改进手段。

中层管理者在评估信息的过程中，要注意以下关键问题。

1．不要一次使用所有述及的方法来评估员工

在实际工作中，中层管理者有很多事情要做，而不只是评估一位员工的工作。如果为了达到更精确的评估结果，选择多种方法用于评估，而忽略了解决问题、改进计划等重大事情，评估就失去了意义。为了避免这类事情的发生，中层管理者可以在目标清晰化以及任务分解过程中，就工作目标评估因素以及评估方法进行有效的定义和告知，并按照重要性优先顺序进行排列，着重评估重要的任务，以便找出重大偏差并采取必要措施予以纠正。

2．按照工作重要性进行评估

在跟踪工作目标时，也可以考虑采用对不同工作评估因素给予不同权重的方法，即对重要因素给予大的权重，对必备但不重要因素给予小的权重。这样便于中层管理者对各部门、各项工作进行有效的时间投入。建立优先顺序并选择最重要的评估要素，然后专注于这些优先事项及标准，才是提升工作效率的根本所在。

3．避免只做机械式的结果和目标的比较，发掘发生偏差的原因

在分析结果偏差时，必须分清哪些是由员工无法控制的因素所引起的，哪些是由员工本人引起的。比如，分派员工去做市场调研，但是经费迟迟无法到位，员工无法开展必要的工作，从而延误工作的完成时间，这种情况是员工所不能决定的。解决这些问题需要中层管理者具备管理经验、智慧以及常识。正确地分清这两类原因，可以有针对性地采取相应的措施。属于员工本人的原因，可以从员工本人的工作能力、经验、工作态度和品质等方面进行区别处理，如指导工作、实施培训、加强工作监督等；属于员工不可控的

原因，中层管理者不能因为不可控，就轻易放过，也不采取相应的行动。同样要分析发生的原因、造成的危害，并制定应急措施，尽量减少类似情况的反复发生。

反馈

管理必须实现闭环。所有收集信息、分析/评估信息的结果，都是实施改善的前提。反馈的最大价值是帮助中层管理者更加有针对性地对工作进行指导，定期将工作跟踪的情况反馈给员工，以便员工能够知道自己表现的优劣，并通过寻求改善自己不足的方法，建立自我工作跟踪及管理的习惯。

这种管理手段的持续应用，会帮助员工建立主动分析自己工作实际成果的工作习惯，不断提升自我工作跟踪的能力及自我管理的态度，增加责任感，发挥主动性，完成工作目标。

在管理过程中，我们所希望看到的不仅是中层管理者对目标实现过程的分析和评估结果，更是中层管理者有效辅导员工的方法。

总之，工作目标的跟踪并不只是简单的收集信息，而是一个从收集信息、评估信息再到反馈的管理循环。其核心是通过优先顺序的排列，以及使用有针对性的评估和反馈方法，实现对工作目标的全过程管控。

第三节　目标跟踪的挑战及应对措施

任何管理都会有挑战，工作目标的跟踪也是如此。抛开工作目标本身而言，在跟踪的过程中，管理的挑战主要来自中层管理者以及员工两个方面。那么，这些挑战的表现和解决措施都有哪些呢？

中层管理者在目标跟踪过程中容易出现的问题

1. 跟踪过程使用的资料有偏差

用来比较成果与目标计划的资料，可靠性究竟有多大？中层管理者可能基于不正确的资料，错误地认为计划确实按规定进行，而实际并非如此。因此，有时会出现员工过分夸大自己的工作业绩，弱化或不提自己工作中的问题和失误，个人工作报告不切实际的现象。

例如，销售部的小李这个月没有完成他的销售目标，经理试图找出其中的原因。经理知道小李非常了解产品，也有销售经验，这个月拜访客户的数量和频率也符合要求。然而一项更为详尽的分析使经理开始怀疑小李的报告。他看出：小李的报告中称本月 23 日下午 2 时到某客户处拜访。但经理记得自己曾预订 22 日去该客户处，而客户的秘书说该客户出差要两天后才回来。经调查，小李报告中的许多访问记录都是假造的，所以单单看小李的报告是不行的，只有找到更可靠的信息，才能看到真正的偏差。

2. 不跟踪到底

中层管理者对员工的工作是否能够做到跟踪到底，往往是工作目标成败的原因之一。工作不能跟踪到底的原因包括以下几个。

第一，中层管理者相信，只要员工同意改正错误，就可以解决问题。有时，只要员工接受改进建议，确实就能够解决问题，这种情况绝大多数来自员工的自我管理能力以及实施计划的严谨性。不过也存在问题不能解决的情况，这可能是因为员工在执行其早期计划时就发生了偏差，让他执行现在的改正措施不可能完全解决最根本的问题，因为每一次的延误都是累积当下问题的因素，这一点必须引起中层管理者的注意。

第二，以没有时间为借口，忽略必要的管理细节。由于工作压力的缘故，中层管理者可能认为，问题既然已经给出了明确的建议，跟踪与反馈的工作也就完成了。但是在这一环节中，往往忽略了跟踪是必须进行的管理手段，应以书面方式记录与员工就工作跟踪所达成的新的执行方案、改进措施，双方各保留一份，并在下次跟踪工作开始时先对其完成情况进行评估。

3．中层管理者的态度或行为

在工作目标跟踪过程中，中层管理者的态度或行为对跟踪工作的效率会起到关键作用。如果中层管理者一直坚持事先预定的计划必须无论如何加以执行的话，员工就会养成自行培养完成工作目标所需要的工作习惯，为提高他们的工作效率和工作能力发挥个人才智。反之，如果中层管理者对计划内的某些标准及目标表现出松懈的态度，并且不热衷对工作目标进行跟踪的话，员工就不会去重视这项工作，养成偷懒、工作不规范的习惯，造成计划和目标成一纸空文，工作混乱的后果。

例如，公司要求每一位销售人员在向客户介绍产品时，都应当按照公司制定的讲解标准进行。但是，销售经理却认为只要自己的手下能够完成销售额就可以了，从不对员工完成工作的计划和方法进行检查。所以，销售人员就不会在乎公司的这项要求，由此可见，销售经理的态度和行为决定了员工的工作方式。

4．只对做得不好的员工进行跟踪

中层管理者既要对有问题的工作进行跟踪，也要对做得好的员工进行跟踪，原因在于培养员工对工作跟踪的正确看法和态度。不要让员工认为，一提到跟踪工作，肯定就是中层管理者在鸡蛋里面挑骨头给自己挑错。跟踪工作同样也要起到激励员工的作用，要通过了解员工的工作进展情况，肯定员工的工作方法和工作业绩，使员工继续向着期望达到的目标努力。与此同时，对于优秀员工工作方法的提炼、总结和分享，也是提升团队整体工作效率的重要管理手段。

5．没有制订工作追踪计划

在目标清晰化的过程中，针对每个工作目标实现的关键路径，我们都设置了三个时间点，即启动时间、回顾时间和达成时间，其中回顾时间的设置是跟踪计划的主要依据。尤其是在将关键路径分解到任务层面的过程中，我们会进一步评估回顾时间设置的准确性。只有这样，中层管理者才会秩序井然、合乎逻辑地实施工作目标的跟踪，真正发挥跟踪的管理价值。

总之，在目标跟踪过程中，中层管理者必须做到态度客观、公正，扮演员工工作辅导员的角色；对员工取得的阶段性成绩给予积极的肯定；对员工遇到的问题、工作的失误，协助其找出问题所在；鼓励员工自己找出解决问题的措施，共同参与到工作跟踪的过程中。

所有的跟踪工作都指向一个目标，即确保目标计划被遵循，并且找出纠正计划偏差的方法。为了让这项管理能力不断提升，可以采取下列方式。

第一，更多地训练。训练可以来自企业外部，如参加相关的培训课程，提高自身的工作技能；训练也可以来自企业内部，如员工与员工一起完成一项工作、演示工作过程、相互协助改进工作方法等。

第二，更频繁地讨论。通过复盘的方式，找出解决问题的方法，并将其规范为组织内部的管理经验。

第三，知错就改。如果证实所设定的目标不实际，或找到完成该目标更佳的工作方法，就应修改目标或工作计划，避免今后类似工作失误的再次发生。

如何消除员工对目标跟踪的抵制

当中层管理者对员工的工作进行跟踪时，员工往往会不合作，存在抵触情绪，导致跟踪工作达不到预期的效果。那么，他们为什么会抵制呢？

原因一，员工不想暴露自己的缺点。可能因为员工个人原因，没有按照计划完成工作，所以他希望在计划剩余的时间内把这一阶段的工作补回来。这时，他会非常不愿意中层管理者按计划进行工作跟踪。或者员工目前的工作能力没有达到实现目标的要求，他希望在以后的一段时间内通过自己的努力提高工作能力，按时、按质、按量地完成工作，而现阶段他不期望上级了解到他实际的能力情况。

原因二，员工不清楚工作跟踪的目的，总认为上司对自己不放心，有意监督自己的工作。如果员工抱着这种想法，就不能以合作的态度配合上司进行跟踪，从而不能发现工作中存在的问题并加以修正。

原因三，员工在同中层管理者制定工作目标时，对自己的工作目标不认同。"为什么要减少费用？公司不是有足够的资金吗？放着行政经费不缩减，却要节约销售费用。客户的要求越来越高，我们必须有更多的开支，才能将产品销售出去。"在员工的心目中，由于工作就只是在机械地完成上级交给的任务，其自身没有什么积极性，因此谈到工作跟踪就会牢骚满腹。令员工不同意这些目标，有保留意见，这也是中层管理者没能说服员工的原因。

原因四，员工虽然认同自己的工作目标，但不认同评估成果的标准或者达成目标的方法。"我们可以增加销售量，但是，要增加17%实在是太多了，我只能够增加14%的销售量。"如果是这样，在上级用既定的标准对员工的工作进行阶段性的评估和跟踪时，员工心中自然不满意。

原因五，员工不相信自己的表现能受到公平、正确的评估。发生这种情况，可能是因为员工同中层管理者之间有过矛盾，或者在员工看来，中层管理者是一个不公平的人，明显偏爱某些人，自己再怎么做，也得不到应有的评价。

原因六，员工可能过分相信自己的能力，不以为然。"谁也不如我了解这项工作。谁也没有资格说三道四，要想看结果，就看最终的工作结果吧，现在别来打搅我。"如果是部门或者团队以外的人员提出的问题、指出的失误，员工则认为他们根本没有资格这么做。

原因七，内心的不安。虽然在理论上，员工同意工作跟踪的必要性，但他们认为工作跟踪总是与坏消息连在一起。"经理要和我谈谈近来的工作情况，肯定是又发现我做错什么了。"

上述这些目标跟踪过程中的员工心态问题，是在实际工作中经常会遇到的。那么，如何解决呢？措施如下。

1. 让员工了解有效工作跟踪的必要性

在制订跟踪计划时，我们需要向员工做好相应的解释。例如，及时觉察出偏差是非常重要的，每个阶段的偏差必然会积累成最终结果的偏差，只有及时发现计划的偏差，并采取有效的改进措施，工作目标的可达成性才会不断提升。

2. 让员工了解工作跟踪不是简单的监督

工作跟踪的关键还在于辅助员工更好地完成工作，达成预定的工作目标，不断提升自身的工作能力。通过工作跟踪，及时发现存在的问题并进行相应的调整，找到解决问题的方法和措施，补充欠缺的知识和技能，是帮助员工不断成长的有效方法。

3. 在设定目标、分解计划工作、跟踪过程表现，以及执行改正措施时，要让员工们亲自参与

员工在管理过程中的参与度是工作效率改善的关键驱动因素。一个由员工自己确定并得到认同的工作计划，和一个被强制执行的计划相比，具有完全不同的效果。

4. 工作跟踪过程中，遵循对事不对人的原则，保持客观、冷静的态度

中层管理者不能因为某位员工以前的表现，就总戴着"有色眼镜"来评价他的工作。如果没有按预订的计划完成任务，就针对这件事进行交流，不要牵扯到无关的事情上去。不要在员工之间采用不同的评价标准，因为这是不公平的，起不到跟踪的作用。

5. 不要以权威的形式、命令的方式进行工作跟踪

中层管理者应该时刻牢记目标管理过程中战友和教练的角色，要充分调动员工的工作积极性，指导员工提高工作的能力。在工作跟踪过程中，中层管理者不是单方面检查员工的工作，对没有达标的地方进行批评，而是通过互动的方式交流与研讨出现的问题，总结工作，找出问题，最终实现工作目标。

6. 中层管理者要对员工遇到的特殊困难表示理解，并针对不同情况努力帮助员工解决困难

凡事都会存在不可预知的情况，对于较困难且不可避免的问题管理上要有弹性。所谓弹性，不是不重视，而是在理想的结果不能达成的时候，有可以替代的解决方案。这些方案的设计，是需要在工作目标清晰化的过程中加以事先设计的重要部分。

第四节 目标没有实现的问题分析方法

目标跟踪的核心目的不仅仅是跟踪，而是通过信息的收集、分析，找出目标没有达成的原因，并采取有效措施加以改善。但是，在实际工作中，当我们对目标没有实现的原因进行评估时，一定会产生各种不同的声音。有的

会关注客观因素，如环境发生了变化、资源匹配不足等；有的会关注主观因素，如将人的态度问题作为目标没有达成的第一要素。态度类问题是一个相对复杂的问题，因为其受到很多不可控因素的影响。如果将精力只放在改善态度上，问题就不会得到快速改善，甚至即使有了好的态度，没有好的方法也是行不通的。

当面对目标没有达成的结果时，中层管理者不仅要思考如何解决问题，更要在分管团队内部达成一致意见。只有这样，未来的改善措施才能得到真正落实，同时，这也是管理者培养和发展员工的重要手段。

综上所述，工作目标一旦出现不能达成预期结果，中层管理者就要完成以下几个关键任务：带领团队成员针对存在的问题进行分析，找到影响问题产生的根本原因，同时针对改善措施在团队内部达成一致，并推动实施。

下面从问题分析的角度，通过如何定义问题，以及如何找到产生问题的根本原因，给大家介绍一个非常有效的管理方法。

构成问题的因素

所谓问题，就是指现实与目标之间的差距。这种差距不是概念，而是一个可见的现实，如产品交付合格率目标是 98%，实际是 90%，8% 的差距就是我们面对的问题。而产生问题的因素有很多，通常情况下，我们将产生问题的因素分为表面因、过渡因和根本因三种。

1. 表面因

俗称导火线，是指对事物的发生、发展起到最直接的推动作用，并直接促成事物发生变化的原因，是引起事物发生变化的近期表面现象。这种原因通常是很多管理者都可以看到的因素。其最大的特点就是，如果将其作为改善的重点并采取措施，则短时间内可以看到改善的效果，但很快还会再出现类似的问题。

2. 过渡因

处于表面因的下层，但不是问题产生的根本原因，也只是一个过渡因素，它实现了根本因和表面因之间的交接作用。如果将其作为改善的目标，那么通过遏制其发生，可以取得一定的结果。但是一段时间之后，问题仍然会发生。

3. 根本因

根本因是指导致事物发生变化的根源或者最本质的因素，是引起事物发生变化的诸多因素中起决定作用的最关键因素。只有将其做出改善和变化，才能从根本上对问题做出改善。

笔者曾经负责企业的行政管理工作。记得某年夏天，天气开始变得炎热，企业开始启动中央空调。这种老式的中央空调是直冷式空调，也就是说，空调的温度在使用端是无法调整的，只能在空调机房进行调整，于是就出现了下面几个过程。

过程一，早晨上班之后，我们提前启动了空调制冷，而且设置了常规温度，一般为 23℃~25℃的舒适温度。当员工进入正常工作后，大约在 10 点，我们接到业务部门的投诉电话："空调不凉，温度太高。"这时行政专员的第一反应就是跑到空调机房重新设置温度，毫无疑问，就是降低温度的设置，结果员工满意了。

过程二，时间过去不到一小时，我们又接到电话："空调还是不凉。"行政专员再次跑到空调机房去查看，回来汇报："领导，不知道谁把机房的窗户打开了，所以空调不凉，我已经关上了，一会儿就好。"由于是直冷式空调，其主机房就是风箱，制冷的空气是在这个房间进行循环，如果机房有外部热空气进来，那么制冷效果一定是不好的。当我们第二次做出调整之后，问题再一次得到了解决。

过程三，中午休息后不久，我们又接到电话："你们行政部行不行啊？空调还是不凉。不信你们过来看看，体验一下，中午这么热，怎么让我们干活啊？"行政专员跑到投诉员工的办公室，然后又跑到空调机房，回来汇报："领导，这个保洁太可气了，她又把机房的窗户打开了，那么多热风进来，空调能好吗？我狠狠地批评了她，并让她下次注意。"

通过上述三个过程，我们按照表面因、过渡因和根本因的逻辑来分析一下，针对此事，我们未来的管理应该如何做。

- 在过程一中，我们采取的措施是通过调整温度设置来实现问题的解决，这是常规思维方式最容易看到的问题。但是，没有解决根本问题，因此，我们将温度设置不够定义为表面因。

- 在过程二中，通过对该设备运行的原理理解，清楚了问题所在，并做出了调整——把窗户关上。从现实情况来看，问题得到了解决，前提是在没有人进去的情况下，问题不会再产生。但忽略了一个关键因素，那就是还会有人进去，而我们并没有告知她，因此，把窗户关上是一个过渡因。

- 在过程三中，我们看到了在过程二中的担心，这一定是必然结果。因为保洁并不知道不能开窗户，打扫卫生、清除尘土、开窗通风等工作是保洁工作的基本规范，她没有错。我们不能将出现错误的责任归结于她。我们应该思考的是如何建立一个管理规则，这才是解决空调制冷不好的根本因。

在本案例中，我们通过上述分析，建立了如下管理规范：

- 设定保洁清扫机房的时间，保证机房的卫生清洁，并与运行时间不冲突。

- 设定正常通风的时间，保证机房的空气清新、无异味。

- 培训保洁清扫机房的注意事项，并打印相关须知，张贴在机房门的正反面，加强管理提示。

通过上述三项举措，我们实现了对该问题的根本解决，类似问题在以后的工作中未曾出现。

综上所述，产生问题的原因绝对不是单一因素，而是由多个因素交织在一起构成的。但是，从管理的角度看，核心还是找到解决问题的根本因，而不是拘泥于表面因。

利用关联图法查找根本因

问题分析有很多种方法，没有好坏之分，每种方法都有自己的特点。使用关联图法分析问题的最大价值在于：

- 这是团队成员共同参与的过程，而不仅仅是管理者自身的判断。
- 这是形成团队共识的过程。如果在分析过程中出现不同的理解和观点，那么管理者要通过有效的追问，让团队成员形成共识。
- 这是可以让目标参与者就问题的存在原因，做一次透彻思考的过程，远比武断的决策更有价值。

下面通过一个案例介绍通过关联图法查找根本因的分析过程。

案例背景

从笔者从事职业讲师开始，目标管理课程就是其主打课程。经过无数次尝试后，笔者发现很多企业即使上了该课程，企业目标管理仍然会存在很多问题。接下来就分析一下其根本因究竟是什么。

---

1. 构建清晰的问题描述

我们对即将分析的问题进行清晰定义，并在团队成员中达成共识。本案例的问题定义为目标管理课程为什么不能在组织内部实现行为转化。

2．围绕已经确定的问题，参与者提出自身认为可能存在的原因

在这个过程中，不存在先后顺序。但是，对提出的每个原因，在描述时有如下要求：

- 每个原因必须是可视化的行为，而不是概念。例如，管理中经常说的企业文化，这是一个大的概念。我们应该将问题描述为企业文化的表现方式是什么，哪种方式在影响问题的产生。

- 不要设置兜底条款。例如，在实际工作中，最常见的兜底条款就是领导不支持。如果这样分析问题，那永远得不到解决方案。我们应该将问题描述为需要领导支持什么，这种支持为什么没有得到。

- 每个原因的描述都要有清晰的主体。只有这样，才能在后续的改善过程中明确改善对象。

- 所有列举的原因，不能存在相互重复或包容。如果存在重复或包容，就必须进行拆解，形成一个独立的影响因素。

案例的问题：目标管理课程为什么不能在组织内部实现行为转化？

可能的原因：

①高层管理者不能将企业的战略在组织中传递清楚。

②企业战略在组织内部管理者中没有达成共识。

③企业战略在分解到业务层面时，没有与组织目标保持一致。

④各层管理者缺少将战略规划分解到业务、岗位目标的工具和方法。

⑤中、高层管理者缺少对目标实现的考核机制。

⑥中、高层管理者缺少对目标实现过程的管理方法。

⑦高层管理者由于对外部环境的分析不足，导致目标总在变化。

⑧从高层管理者到中层管理者，对目标评价的标准不清楚。

上述原因符合我们设定的原因描述要求：是独立存在的行为、有明确的行为主体、没有兜底条款。在这个过程中，我们力求将可能存在的问题做到穷尽挖掘。只有这样，才能找到问题的根本因。

3. 通过提取的每个影响因素，逐一进行因果关系分析

如果影响因素是原因因素，利用减号（−）做标注；如果影响因素是结果因素，利用加号（＋）做标注。如果没有因果关系，就不做任何标注；如果存在互为因果关系，也不做任何标注。

我们先用"高层管理者不能将企业的战略在组织中传递清楚"这一因素，与后面的七个因素做因果关系分析。

①与②对比。

①高层管理者不能将企业的战略在组织中传递清楚。

②企业战略在组织内部管理者中没有达成共识。

分析：如果从高层管理者到中层管理者，没有对企业的战略规划达成一致，那么在分管的业务中，就不可能实现目标清晰化的传递。因此，认为②是原因因素，①是结果因素，标注方式如下：

①高层管理者不能将企业的战略在组织中传递清楚。（①−②）＋

②企业战略在组织内部管理者中没有达成共识。（②−①）−

①与③对比。

①高层管理者不能将企业的战略在组织中传递清楚。

③企业战略在分解到业务层面时，没有与组织目标保持一致。

分析：从这两者之间的对比，很容易地看到它们相互之间的关系。一个没有达成一致的战略方向，不可能实现组织层与业务层之间的高度一致。一个连指挥者都没有说清楚的方向，怎么可能期待执行层面的一致性呢？因此，①是原因因素，③是结果因素，标注方式如下：

①高层管理者不能将企业的战略在组织中传递清楚。（①−③）−

③企业战略在分解到业务层面时，没有与组织目标保持一致。（③−①）＋

①与④对比。

①高层管理者不能将企业的战略在组织中传递清楚。

④各层管理者缺少将战略规划分解到业务、岗位目标的工具和方法。

分析：从这两个因素之间的关系分析，一个是向下传递的有效性问题，一个是从战略规划到业务、岗位目标分解方法的问题。按照前面分析的逻辑，①中所谓传递不清楚并不是方法问题，而是战略目标本身就不清楚，所以①与④之间没有直接的因果关系。因此，不需要做任何标注。

①与⑤对比。

①高层管理者不能将企业的战略在组织中传递清楚。

⑤中、高层管理者缺少对目标实现的考核机制。

分析：初看，很多人会认为它们之间有因果关系。这是因为很多管理者对考核机制理解错误。所谓考核机制，就是指在企业目标清晰的前提下，通过层层分解到业务部门、到岗位，对于结果达成的评估和评价方法。

因此，高层管理者是否传递清楚与是否有考核机制没有直接关系。所以，不需要做任何标注。

①与⑥对比。

①高层管理者不能将企业的战略在组织中传递清楚。

⑥中、高层管理者缺少对目标实现过程的管理方法。

分析：这两项的差异在于，①是指在没有达成共识的前提下传递不清楚，而⑥是指在目标清晰的前提下实现过程的管理方法不足，所以两者所处的场景是不一样的。因此没有必然的因果关系，不需要做任何标注。

①与⑦对比。

①高层管理者不能将企业的战略在组织中传递清楚。

⑦高层管理者由于对外部环境的分析不足，导致目标总在变化。

分析：⑦是指在原有战略制定的过程中，缺乏对外部市场的深入调研和分析，由此导致随着外部市场的变化，战略目标必须做出调整。这与①传递不清楚也没有必然的因果关系。因此，不需要做任何标注。

①与⑧对比。

①高层管理者不能将企业的战略在组织中传递清楚。

⑧从高层管理者到中层管理者，对目标评价的标准不清楚。

分析：这两项是存在必然的因果关系的。因为只有在对目标的评价标准清晰的情况下，才能实现对目标的正确传递。因此，①是结果因素，⑧是原因因素，标注方式如下：

①高层管理者不能将企业的战略在组织中传递清楚。（①-⑧）+

⑧从高层管理者到中层管理者，对目标评价的标准不清楚。（⑧-①）-

由此，第一轮的分析结果如下：

①高层管理者不能将企业的战略在组织中传递清楚。

分析：（①-②）+（①-③）-（①-⑧）+

②企业战略在组织内部管理者中没有达成共识。

分析：（②-①）-

③企业战略在分解到业务层面时，没有与组织目标保持一致。

分析：（③-①）+

④各层管理者缺少将战略规划分解目标到业务、岗位目标的工具和方法。

分析：无

⑤中、高层管理者缺少对目标实现的考核机制。

分析：无

⑥中、高层管理者缺少对目标实现过程的管理方法。

分析：无

⑦高层管理者由于对外部环境的分析不足，导致目标总在变化。

分析：无

⑧从高层管理者到中层管理者，对目标评价的标准不清楚。

分析：（⑧-①）-

通过上述循环分析，我们实现了①与其后因素因果关系对比。由此我们需要完成：

- ②与③、④、⑤、⑥、⑦、⑧的对比；

- ③与④、⑤、⑥、⑦、⑧的对比；
- ④与⑤、⑥、⑦、⑧的对比；
- ⑤与⑥、⑦、⑧的对比；
- ⑥与⑦、⑧的对比；
- ⑦与⑧的对比。

最终得出如下结论：

①高层管理者不能将企业的战略在组织中传递清楚。

【分析：（①－②）＋（①－③）－（①－⑧）－】

②企业战略在组织内部管理者中没有达成共识。

【分析：（②－①）－（②－③－（②－⑥）－（②－⑦）＋（②-⑧）－】

③企业战略在分解到业务层面时，没有与组织目标保持一致。

【分析：（③－①）＋（③－②）＋（③－④）＋（③－⑤）－（③－⑥）－（③－⑦）＋（③－⑧）－】

④各层管理者缺少将战略规划分解到业务、岗位目标的工具和方法。

【分析：（④－③）－④－⑥）－（④－⑧）－】

⑤中、高层管理者缺少对目标实现的考核机制。

【分析：（⑤－③）＋（⑤－⑥）＋（⑤－⑧）＋】

⑥中、高层管理者缺少对目标实现过程的管理方法。

【分析：（⑥－②）＋（⑥－③）＋（⑥－④）＋（⑥－⑤）－（⑥－⑧）＋】

⑦高层管理者由于对外部环境的分析不足，导致目标总在变化。

【分析：（⑦－②）－（⑦－③）－】

⑧从高层管理者到中层管理者，对目标评价的标准不清楚。

【分析：（⑧－①）＋（⑧－②）＋（⑧－③）＋（⑧－④）＋（⑧－⑤）－（⑧－⑥）－】

上述环节是整个问题分析过程的关键环节，更是所有参与者达成共识的重要步骤。

4．对每项因素分析出来的结果做最后整合，方式是加减合并

例如：

①高层管理者不能将企业的战略在组织中传递清楚。

【分析：（①-②）+（①-③）-（①-⑧）-】

将分析得出的结果进行加/减符号合并，最后得出①的分析结果是①-。

按照这样的整合原则，整体分析的结果如下：

①高层管理者不能将企业的战略在组织中传递清楚。

【分析：（①-②）+（①-3）-（①-⑧）-】→（①-）

②企业战略在组织内部管理者中没有达成共识。

【分析：（②-①）-（②-③）-（②-⑥）-（②-⑦）+（②-⑧）-】→（③-）

③企业战略在分解到业务层面时，没有与组织目标保持一致。

【分析：（③-①）+（③-②）+（③-④）+（③-⑤）-（③-⑥）-（③-⑦）+（③-⑧）-】→（①+）

④各层管理者缺少将战略规划分解到业务、岗位目标的工具和方法。

【分析：（④-③）-（④-⑥）-（④-⑧）-】→（③-）

⑤中、高层管理者缺乏对目标实现的考核机制。

【分析：（⑤-③）+（⑤-⑥）+（⑤-⑧）+】→（③+）

⑥中、高层管理者缺少对目标实现过程的管理方法。

【分析：（⑥-②）+（⑥-③）+（⑥-4）+（⑥-⑤）-（⑥-⑧）+】→（③+）

⑦高层管理者由于对外部环境的分析不足，导致目标总在变化。

【分析：（⑦-②）-（⑦-③）-】→（②-）

⑧从高层管理者到中层管理者，对目标评价的标准不清楚。

【分析：（⑧–①）+（⑧–②）+（⑧–③）+（⑧–④）+（⑧–⑤）–（⑧–⑥）–】→（②+）

5．总结分析结果

（1）"减号"最多的项，就是问题产生的根本因。这项因素在所有的影响因素分析过程中，更多的是以原因因素的方式存在的。在上述分析中，如下两项是问题产生的根本因：

②企业战略在组织内部管理者中没有达成共识。（③–）

④各层管理者缺少将战略规划分解到业务、岗位目标的工具和方法。（③–）

（2）"加号"最多的项，就是问题产生的表面因。这项因素在所有影响因素分析过程中，更多的是以结果因素的方式存在的。在上述分析中，如下两项是问题产生的表面因：

⑤中、高层管理者缺少对目标实现的考核机制。（③+）

⑥中、高层管理者缺少对目标实现过程的管理方法。（③+）

（3）处于中间数量的原因项，我们称为过渡因，具体如下：

①高层管理者不能将企业的战略在组织中传递清楚。（①–）

③企业战略在分解到业务层面时，没有与组织目标保持一致。（①+）

⑦高层管理者由于对外部环境的分析不足，导致目标总在变化。（②–）

⑧从高层管理者到中层管理者，对目标评价的标准不清楚。（②+）

通过上述分类，如果要真正实现企业战略目标在组织中落地，高层管理者就要清晰地完成企业战略规划制定的步骤和流程，特别要在企业管理团队内部高度统一。同时，要有将企业战略规划分解到业务、岗位的工具和方法。这才是解决目标管理课程能够在组织内部实现行为转化的根本改善方向。只有这两个因素得到有效解决，其他的辅助工作的价值才会得到有效发挥。

总之，不论哪种问题分析方法，都是为了帮助我们寻求问题的改善点，让我们更加聚焦地实施改善。关联图法的核心价值就在于，它不是一个人的决策过程，而是一个团队参与者的决策过程。在这个分析过程中，管理者更多的是充当组织者、引导者、启发者和辨析者。只有这样，才能发现团队成员对问题认知的角度和深度，才能在未来的解决方案设计中更加有针对性，从而构建适合团队成员实施改善的方式和方法。

真正做好工作目标的跟踪管理并不是一个简单的过程，和其他管理一样，它也是一个系统化的管理过程。但是如果我们期望一个好的目标，有一个好的结果，目标跟踪就必须是一个需要认真对待的管理工作。

本章小结

- 目标跟踪的原则：适时性、重要性、明确性、经济性，核心是优先顺序。
- 目标跟踪的方法：收集信息、评估信息、反馈。
- 目标跟踪的挑战：管理者自身的问题、员工的抵触。
- 根本原因的评估：通过关联图法分析问题，找到目标未能达成的根本因，要从根本因入手，而不是从表面因和过渡因入手。

后　记

当写到"后记"二字时，笔者知道自己完成了一个长久以来的夙愿。

的确，将多年的实践转化成文字相当于又做了一次知识的盘点。时间上看似漫长，记忆上看似久远，但经历的实践历历在目。

感谢文字，将亲历的经验化为汩汩流淌的灵感，在浩浩荡荡地撰写中积木般排列组合、诉诸键盘，为读者精心砌起一座座奇特的、方块汉字的宫殿。

感谢经历，将碎片化的实践美妙地渗透并促成经验，以最直接的方式与你交换隐藏心灵深处的见识，释放真诚的体验。

这不是一本有故事情节的"言情小说"，没有悲情、没有欢畅；却是一个可以陪伴你成长的管理工具，有思路、有方法。

目标每时每刻都在出现，每时每刻又都在消失。不要让目标的稍纵即逝成为我们成长的口头禅，抓住它、管理它、实现它，才是我们的真正期望。

感谢所有为目标这个话题提供过帮助的人！

参考文献

[1] 亚历山大·奥斯特瓦德. 商业模式新生代[M]. 北京：机械工业出版社，2016.

[2] 王吉鹏. 集团管控[M]. 北京：经济管理出版社，2012.

[3] 克拉克·坎贝尔. 一页纸项目管理[M]. 北京：东方出版社，2016.